【文庫クセジュ】

二十世紀の建築

ジェラール・モニエ著
森島勇訳

Que sais-je?

白水社

Gérard Monnier , *L'Architecture du XXe siècle*,1997, 2000
(Collection QUE SAIS-JE? N°3112)

目次

はじめに

二十世紀は建造物を建てる技術、それがつくりだす空間、そしてその形態が激変した世紀であった。それ以前とはまったく異なった新しい建築のタイプが出現したのである。映画館、競技場、ガソリン・スタンド、低家賃住宅、空港、巨大なスーパーマーケット、その他多くのもの……住宅や職場などの日常生活の場を形成する多くの普通の建物は、百年前には存在しなかった材料、設計、快適さのための諸設備などを駆使して建てられた。こんにちの建築材料や施工法の大部分は最近になって出現したものであり、そしてそれらは大量生産と規格化を目指す工業技術から生まれたものである。コンピュータが設計や建設現場の管理で活躍し、高度に複雑な規制や新しい科学知識は最近の建築のすべてにその痕跡を残している。先進国においては、既存の建物も新築のものも、ほとんどすべての建物が多かれ少なかれ複雑なネットワークで繋がれていて、それが建物の使用価値を大きく左右している。都市や都市周辺の景観の大部分は、このような新しい建築の類型によって一変させられた。

規範となる建築の映像や様式や新しい主義主張、そしてまた人びとが、世界中を、一国から他国へ、ひとつの文化から他の文化へと、驚くべき速さで駆けめぐった。「近代」建築が、いたる所で、高尚なあるいは凡庸な伝統的建築と対立した。一時期、人びとは「国際様式」と呼ばれる唯一の現代建築のみが存在することになると信じた。しかしこんにちでは、この変革は、多様化して複雑になり、時と場所によって様相の異なるものになった。その結果、しばしば、伝統的建築との混血児が生まれることすらあった。

このような変革は、建築の施主側の人びとのそれに順応しようとする惜しみない努力や、建築の専門家たちの活力に相応して、時には力強く進められたが、それでもわれわれの文化にとっては、やはりどこか異質なものでありつづけている。通常、われわれは、こんにちの建築を過去の基準で判断する傾向がある。かつての建築に見られた良質さや永続性や美しさを、いまの建築に期待するのである。

この小著では十九世紀以来の建築における変革の大きな段階を回想し、その資料を示し、その影響を明らかにするつもりである。本書の体系的な視点は、私がすでに『建築の歴史』（PUFクセジュ叢書一八番）の序論で示したものと同様である。すなわち変革の諸要因を挙げたあと、建築の歴史は社会の要求の変化と関連していることを示すのである。この歴史は、まず建築のカテゴリーの歴史（類型学的な歴史）であり、建築を可能にする空間と建設のシステムの歴史であり、またそれを可能ならしめた手段の歴史でもある。

第一章　建築の変革の諸要因

二十世紀における建築空間の需要が質的に変化したことと建築が急速に増大したことは、人口増加と工業化と都市化の影響を受けた文明の激しい変化からもたらされた。

人工的空間（自然空間に対する）という領域における生産とその消費（住居の快適な設備をはじめとして）の変化は、少なくとも、農産物加工業と生産物の大量流通の影響を受けた食品の分野における変化に匹敵する。そして同様の差別化の影響の下に、建築においても、一方に富裕、他方には貧困なものがあり、また一方には技術的な良質さと洗練された美意識を注ぎ込んだものがあり、他方には最小限の必要性を辛うじて満たすだけのものがある。充分な装備のインテリジェントビルの反対側には、仮の避難所でしかない掘建て小屋がある。そして当然のことながら、中間的な解決法によるあらゆる段階がある。

しかしそこには大きな違いがあり、さらに建築の領域に特有の問題は、新しい建築物は残存している昔の建造物に機械的に置きかわるものではないということである。新しい建造物の発達が一方にあり、古い建造物の崩壊または老廃化が他方にある。それらの速度は両者の同時共存を許さないどころかまったく反対である。より頻繁に共存が生じて、そこに建築の領域における絶対的な文化的緊張が生じる。技術的な性能、機能的な品質、美的感覚、古いものと新しいもの、伝統と現代性などの視点から生まれる緊張である。そこから、次のような逆説が浮かび上がる。すなわち、われわれは日常使う建築に対する要求の多い消費者であると同時に、世襲財産の現実の所有者なのである。

建築の物質的・文化的な変革を客観的に観察できるということは、たぶん現代の特権なのであろう。明白に異なる二極の間で起こった複雑な変革を、である。古代地中海世界の伝統である「建てる芸術」の合理主義的な系統は、啓蒙主義の文明を経て、共和主義的空間を形成し、それに一つの意義を与えたいと願う市民の芸術のモラルによって、一方では経済主義やピューリタン的な厳格さの要因、他方では技術的な論理がともに継承された。この伝統の最も新しい表現は、フランソワ・ミッテランの発意によってパリに建てられた一連の新しいモニュメントである。他方、権力を持つ上層階級による空間の暴力的な支配の形態、快楽的で私的な娯楽と奢侈《しゃし》の価値を、外観上、最も贅沢な形態をとって、価値基準として巧みに伝達しようとする形態の系列があり、それは歴史主義の新しい形態をとって、社会的商業的空間（ユーロ・ディズニーなどのように）や、宗教的空間（ヤマスクロ聖堂などのように。一七八頁参照）を汚染しているのである。

つまり、この複雑さは、思想的、経済的、技術的、芸術的な、多岐にわたる地域の諸条件によって培われたもので、それが全般的な変革の解釈を、多様性のほうが統一性よりも勝るというように見える結果へと導いたのだということを認めることにしよう。

しかし、これらの時間、空間のなかにおける建築表現の主要なものを概観する前に、建築の実践を成り立たせ、主義主張の変革を可能ならしめた全般的な手段、道具、仕掛けの類《たぐい》の変遷を検討しよう。この分野においては、建築の材料と施工の工業化という現象を引き起こしたもの、そして建築の形態と空間の表現手法の変革、ついで建築を成立させる媒介要因の仕組み、最後に建築に関わる制度や職業について考察することにする。

I　建築の工業化

最大の現象は、建築の材料と施工に対する工業技術の影響である。この時代を通して一貫した目標が建築の合理化であったにしても、工業生産の手法とフォーディズム〔ヘンリー・フォードの流れ作業による大量生産方式〕は、多くの場合、職人仕事と組み合わされたものであった。部品の反復使用や、組み立てを容易にするために寸法精度を高めることによって非熟練工の労働力を使った仕事の規模や時間の節約をするということは、建築のすべての技術に応用することは容易ではなかった。建築の工業化は、神話であろうか、現実なのであろうか。

1 躯体の技術

金属による建築の材料と工法は、十九世紀になってから、それまで正統的な建築が依拠していた安定した建築法の伝統から断絶した最初のものである。そして、この新材料が大量に使用されたために、この断絶は強烈となった。十九世紀を通して、建築には鋳鉄が使われ、ついで鋼鉄が使われた。それらは新しい建築方法の能力の高さを示したが、ことにそれは大建造物の場合に効果的であった。部材の工場生産、それらの機械的な精度の高さ、寸法精度の入念な検討の場における技術的な製図法の役割、それらが、工学の領域へと建築業者の力量を大きく転換させたのである。鉄筋コンクリートの工法については、事情は同じではない。

Ⓐ 伝統的建築と工業——鉄筋コンクリート工法のためにはセメントと鋼鉄の大量生産が前提となるにしても、それはあらゆる規模の工事に適用することもできるが、その普及は、石工事から移った請負業者、何らかの特許の獲得者（たとえばエヌビック工法）、何らかの伝統的な技術情報を持つ隣接の技術（型枠で固めた土混じりコンクリートの組積工事のような）を持った業者らによって行なわれたので、それが各職域の枠を覆すようなことはなかった。ヨーロッパとアメリカでは一九一〇年以後、ラテンアメリカでは一九三〇年以後、そしてアフリカでは一九五〇年以後に普及した鉄筋コンクリートは、その土地の職人がまず都市圏において、セメント工業の導入の程度に応じて、この工法を通常の工事現場へと広げていったことが判る。この普及は必ずしも工業的な知識をそれらの現場に導入するには及ばなかったし、

そしてそれは、建築においてはさらに少なかった。

A・ペレがフランスで建てた建築における幾つかのプレハブ工法（ル・ランシーの教会、一九二五年、パリのレヌアール街のビル、一九三二年）を例外として、二大戦間のヨーロッパの公営住宅の大きな工事現場は、プレハブ工法を経験する主たる拠点であった。例を挙げれば、フランクフルト・アム・マインの集合住宅（一九二四〜一九二九年、E・マイ）、バニューのシャン・デ・ゾワゾーの団地（一九二九年）、ドランシーのラ・ミュエットの団地（一九三〇年、両者ともボードゥアン・エ・ロッド）などがあり、そこでは現場の工場によって振動打ちコンクリートの間仕切壁が作られ、鋼鉄の骨組みに装着されたのである。そして「自動車のように製造された」家の計画が建築家たちの頭を離れないことになった。《量産方式の家》（ル・コルビュジエ、一九二〇年）、《工場生産された家》（F・プーイヨン・一九六八〜一九七〇年）などが挙げられる。

工業材料と工業生産方式の鉄筋コンクリート建築へ徐々に浸透してゆく過程を点検してみることはさらに興味のあることである。工業生産された材料が大規模建築の工程の実施を容易にし、その性能を改良し、そしてその進化を決定し、その結果として外観を変えたのである。

① 工事現場で使用可能な機械の存在は鉄筋コンクリートの技術的な表現能力を高めた。「振動打ちコンクリート」はさらに高性能である。加熱型枠は凝固を早めた。吹き付けコンクリートは圧縮空気の噴出（セメントガン）によるもので、これはアメリカの工法だったが、一九一八年以後にヨーロッパでも

使用可能となったもので、単曲面や複曲面のシェル構造の施工を容易にしたのである。ジャッキやクレーン、そして現場の諸車両（一九五〇年代からはタイヤ付きになった）は、生産性を高めた。特殊合板の型枠と金属パイプの足場の出現は、一九五〇年以後の巨大コンクリート建築の工事を容易にした。

② 工業技術の導入は建築の材料を一新した。陶磁製品、ガラス製品、遮水性の製品は、それらの性能および外観によって建築表現に大きな可能性を提供した。たとえば、建物の壁面に形態、色彩、材質感を与えるために陶磁製品や金属製品が化粧材として使われることは、工事の進行やスタイルを一変させた。琺瑯引きの陶磁材料の化粧張りは今世紀初頭から行なわれ、こんにちではリブ付きのメタル、ステンレス鋼、ラッカー塗装やエナメル掛けの鋼板、陽極処理した軽合金などの化粧張りが使われている。

③ 床材、塗装材、化粧材としては、工業技術が伝統的材料（寄木張り、陶磁製品）を一新させ、一九五〇年代以降はプラスティックなど、他の材料に対する関心が高まっている。工業生産方式による建具製造業は、こんにちでは建物のタイプや使用慣習に影響を与えるような製品を流通させている。現代の屋根窓は、一九七〇年代以後、一戸建て住宅の拡張をうながした。そして、複雑な骨組みを必要とせずに屋根裏部屋を居住可能にすることを容易にしたのである。押出し成型の合金による建具やペアガラスは、ベランダやガラス屋根の流行を可能にした。

④ 一九五〇年代には工業生産方式は石材にまで及んだ。採掘や裁断の機械の進歩は、石材を競争力のあるものにした。フェルナン・プーイヨンの工事現場は、プロヴァンスのフォンヴィエイユの採石場

で採掘した石を使っている。マルセイユでは、ヴューポールの工事場で、鉄筋コンクリートの壁面に石材が残留型枠として使われている。アルジェでプーイヨンが監督した工事場では、工業規格化が頂点にまで達した。クリマ・ド・フランス社の住宅の柱は一×一×一メートルの石塊の七層であり、リンテルは三×一×一メートルで、この石塊が鋸引きをしたままの粗面で、けれんなしで使われた。

巨大な土木工事（水力発電所、ボレヌ、一九四九〜一九五二年）、重工業化の過程における生産性の広範な探求（シャープ・ヴィラージュの現場で導入されたカミュ法、サン・ジェルマン・アン・レ、一九五一年、J・デュビュッソン）、あるいはフェルナン・プーイヨンの「経済的」なアプローチなどが現われるまで、すなわち一九五〇年代まで、工業生産や工事現場の構想に関する経済基準は実際には確立されなかった。こうして、プレハブ工法の進歩に、鋳型コンクリートによる規格部品が加わった。一九六〇年代には「振動打ちコンクリート」が導入されたが、これは非常に密度の高いコンクリートで、念入りに作られた木型に流し込まれ、振動する台の上に置かれてから型抜きされると、表面が平滑で稜角の正確な造形物となるものである（アメリカ大使館、ロンドン、一九五五〜一九六〇年、エーロ・サーリネン）。ガラスとセメントの混合材料であるシマン・ヴェール（ｃｃｖ）は、こんにちでは細く成型することができ、木の建具に匹敵する細さにすることができる（モー街の低家賃住宅のファサード、一九八八年、レンゾ・ピアノ）。

これらの耐久力と順応性に対処するために、アメリカとロシアで伝統的な地位を保っていた製鉄業も一九三〇年以後、そして一九六〇年以後に、ヨーロッパの工事現場に再投資するために精一杯商業的な努力をせねばならなかった。

Ⓑ 金属による建築と工業——第一次大戦後の鉄筋コンクリート建築の発達に直面して、金属材料を使う建設会社は不利な状態にあった。それは、戦争の直接的な影響によるもので、労働力が軍需産業に固定してしまったからである。一九二〇年から一九三五年までの間に、企業の集中、新種の鋼鉄、新しい組み立て法（電気溶接）が、鋼鉄による構造を変えてしまった。とくにアーク溶接は、形態をより単純化するものであり（リベットの消失）、腐蝕防止も容易で、建築の外観を美しく見せる点においても良い結果をもたらした。以下に、フランスの工業的金属構造の歴史における幾つかの問題を挙げる。

一九二八年に鋼鉄利用技術公社（ＯＴＵＡ）が設立された。これは製鉄業の企業家たちの発議によるもので、建築家や建築業者に向けた強力な宣伝活動を推進し、鋼鉄による建築法の経済的価値を唱えた（部品の量産化による合理化、現場での大きな時間の節約につながる、と）。このような流れのなかで、一九三〇年代の初めに幾つかの社会住宅の建設現場が鋼鉄の構造を導入した。それは《バニューのＨＢＭ》（低家賃住宅、ボードゥアン・エ・ロッド）、ヴィルユルバンヌの《グラットシエル》団地などである。幾つかの大建造物は、被覆物の下に高性能の鋼鉄の骨組みを内蔵している。パリでは《レックス映画館》（一九三〇〜一九三二年、Ａ・ブリュイセン）、《新トロカデロ劇場の大ホール》（一九三五〜一九三七年、Ｌ・アゼマ、Ｊ・カルリュ、Ｌ・ボワロー）がある。鋼鉄の建築の真の表現は他所にある。ナントには一〇〇日間で建てられた注目すべき《デクレ商店》（一九三一年、Ｈ・ソヴァージュ）、ビュックには《飛行クラブ》（一九三五年、ロッド・エ・ボードゥアン）、クリシーには《人民会館》（一九三五年、ロッド・エ・ボードゥアン）があり、そここでは複雑なプログラム（文化活動、催し物、屋内市場）が、機械仕掛けの変換を必要とするために鋼鉄で建てられている（軀体、シュヴァルツ・オーモン社、薄い鋼板による外装のデザイン、ジャン・プルーヴェ）。

マルセル・ロッド（一八九一〜一九七八年）は、国立高等美術学校（ＥＮＳＢＡ、通称ボザール）を卒業したあと、一九二三年から一九四〇年までウージェーヌ・ボードゥアンと提携した人物であり、ローマ賞の受賞者である（仏アカデミーから国立美術学校主席卒業生に与えられる賞。ローマへ四年間留学できる）。彼らは、協力して、幾つかの社会住宅の建設をしたが、それ以外にも工業技術との関連において先駆的な建築をした。《飛行クラブ》の格納庫のための軽工業的なプレハブ工法（ビュック、一九三五年）や、クリシーの《人民会館》では、鋼鉄の「サンドウイッチ」三層構造が正面の羽目板に使われている（一九三七〜一九三九年）。一九六〇年代には、彼はＧＥＡＩとともに、工業化された鋼鉄の建築システムを開発したが、それは現場で組み立てられるもので、《グラン・マール》の五〇〇戸の低家賃住宅団地に使われた（ルーアン、一九六八〜一九七〇年）。《人類科学館》では、壁面の部材にプレハブが用いられている（パリ・ラスパイユ街、一九七三年、ドゥポント・エ・ボークレールと共同）。

第二次大戦後、鉄骨の建築は、何よりも鉄製品の他の生産部門（機械工業、造船業）への集中によってなおざりにされたが、それに続く年代に、再び、よみがえる。鋼管の構造は、フランスでは、エドゥアール・アルベール（一九一〇〜一九六八年）が建てた建築に使われ、そこでは構造が露出している。オルリーの《エール・フランスの管理棟》（一九五九年）、パリの《ジュシューの大学校舎》（一九六四〜一九七〇年）などがその例である。建築家ジャン・プルーヴェ〔一九〇一〜一九八四年〕は、「工業による建築」

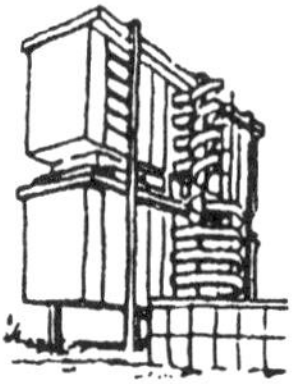

《レジダンス・アヴィセンヌ》　パリ国際大学都市
1961〜1969　M・フォルージ、H・ギエ、Cl・パラン設計

の企てをさらに推し進めたが、その点で、彼はいまの世代の建築家たち（レンゾ・ピアノ）にとって象徴的な証人でありつづけている。

　プルーヴェは折板鋼板の研究、ついで鋼管構造の研究をして、それが彼の設計したマクセヴィルの工場（一九四七〜一九五三年）、プレハブ住宅（ムードン、一九四八年）に応用され、それにさらに大きな成果が続くことになる（アルミニウム百周年記念館、パリ、一九五四年。エヴィアンの軽食堂、ノヴァリナと共同、一九五七年）。そしてさらに、多くの部材、カーテン・ウォール、ガラス壁などを大建築（国立工業技術センターのガラス壁・パリ・一九五八年）のために製作した。

　一九六〇年以降の、学校や大学の建設の緊急の需要に応えることができたのは、鉄骨構造である。一九六〇年から一九七〇年の間のフランスの大学の大量建設は、年間三〇万平方メートル〜八〇万平方メートルと幅があるが、そのほとんどは鉄骨構造によったものである。一九六八年にGGEPグループが実施した工法は、二か月間に六万平方メートルにのぼるパリ周辺の大学の建築を可能にした。

2 科学的アプローチと建築の類型

基本的な骨組み構造の工法が柱梁構造の伝統から生じたものであるとしても、鉄筋コンクリートや鉄骨の構造的な可能性は、未知の空間や新しい形態にわれわれを導くものである。

Ⓐ 土木建造物のモデル——新しい構築法が土木の分野（橋、陸橋、鉄道）や実用的大建造物（とくに倉庫、飛行機格納庫）に行き渡ったとき、それまでの素朴な柱梁構造や巨大な補強材に対して独創的な仕掛けが出現することになった。形態の目覚ましい変革の出発点となったのは、スイスの技師ロベール・マイヤールの業績である。それは、梁のない薄い床面、キノコ型柱頭のついた柱（チューリッヒ、一九一〇年）である。河を渡るために彼が設計した鉄筋コンクリートの橋は、三交節アーチで支えられている（イン河、ヅオヅ、一九〇一年。ライン河、タヴァナサ、一九〇五年）。この他にも、箱型構造のアーチを使ったものがある（アルヴ河、ヴェッシー、ジュネーヴ）。

土木技師ロベール・マイヤール（一八七二～一九四〇年）は、一九〇一年に彼の最初の橋をヅオヅに架けたとき、「アーチや橋床や補強壁の機能を一貫性のあるシステムへ融合させることに成功した。この橋はその純粋性と厳格さによってひとつの傑作となっている」。長期間にわたるロシア滞在（一九一二～一九一八年）の後に、彼はジュネーヴに事務所を開設し（一九一九年）、数多くの土木建造物（陸橋、水道橋）をスイス・アルプスのなかに建て、他にも多くの工業的建造物に力を貸した。彼の傑作は、一九三九年のチューリッヒにおけるスイス内国博覧会の会場に建てられた実験的建築（ポートランド・セメント）

である。これは、薄いヴォールト（六糎）でできていて、二本のリヴで補強され、一本の架け橋がつなぎ梁の働きをしているものである。

（1）M・ビル『ロベール・マイヤール　橋と構造』（チューリッヒ、フェアラーク・フュール・アルヒテクトゥール、一九四九年）。

鉄筋コンクリートで建てられた土木建造物は、多くの場合、エレガントで、それがつくりだす新しい自由空間は興味深いものである。たとえば、キャンティレバーの自由に処分できる空きの空間は、現代的な美感に訴える形態的な長所を持っている。同様に、スペインやイタリアでE・トロハ（一八九九〜一九六一年）とP・L・ネルヴィ（一八九一〜一九七九年）によって一九三〇年から一九四〇年の間に建てられた競馬場や競技場の観覧席は、その時代の建築的相貌の創造への貢献を示している。また、フレシネやエスキランがリムーザンやブシロンで実行した偉大な技術的な企てについても言及しておく必要がある。

ウージェーヌ・フレシネ（一八七九〜一九六二年）は、エコール・ポリテクニックを卒業した土木技師であり、一九一八年から一九二八年まで、リムーザンの幾つかの工事の監督であった。彼は《サン・ピエール・デュ・ヴォーヴレの橋》（一九二二〜一九二三年）、《プルーガステルの橋》（一九一六〜一九二四年）の建設の監督をした。《オルリー空港の飛行船格納庫》（一九一六〜一九二四年）の建設、および薄いシェル構造の探求（ランスの中央市場、設計メグロ、バニューの鉄道車庫、一九二九年）の後のフレシネの大仕事は、プレストレストコンクリートを完成することであった。そのために、彼は、自費で研究室を開設することになった。彼は新しい工法を一九三五年に《ル・アーヴルの港湾駅》で、ついで《リュザンシーの橋》（一九四一～一九四五年）と《エスブリーの橋》（一九四六～一九五〇年）で使った。

ニコラ・エスキラン（一九〇二～一九八九年）は、まずブーシロン社の研究部門を指揮〔一九三六年～〕した。彼は《クレラックの橋》（一九三八年）、《サン・シルヴェストルの橋》（一九三八～一九四二年）、《ラ・クーデットの橋》〔一九三八～一九四三年〕を建造した。一九四五年以後、エスキランは、マルセーユ・マリニャーヌの二棟の航空機格納庫を研究し、完成させた。それは薄いシェル構造で、一〇一メートルのスパンがあり、地面の迫り枠の上に構築されてから、ジャッキで上げられた。なかでも重要なのは、彼がパリのラ・デファンスに建てた《CNAT》（国立工業技術センター、一九五五～一九五八年）の「二重のシェルからなる紡錘形が放射状に並んだ」ヴォールトを建てたことである。フレシネ、ネルヴィ、エスキランの間で競われたコンペの結果であるこの計画は、設計条件に合致する唯一のものであり、一辺二二五メートルの正三角形の平面を覆うもので、どちらかといえば、交差ヴォールト的なものである。地面の三支点のみによって支えられて六七〇〇〇平方メートルの床面を覆っている。

Ⓑ **空間構造**――一九五〇年から一九七五年の間の空間構造の発展は目覚ましいものであり、それは都市化に伴って生まれた社会的活動（スポーツ、催し物）に適した、広大な室内空間の必要性と関連したものであり、あるいは経済成長による工業的商業的空間（工場、倉庫、展示会場）への需要に応じたものである。空間構造は次のように分類できる。

❶トラス（これは相互に継手によって結合された一連の棒材によって構築されたものである。トラスは、結合されて、平面、あるいは単曲面、または複曲面を形成する）
❷折板構造とシェル構造（この構造では面を形成する各部材は構造強化に寄与している）
❸吊り構造

これらの空間構造のすべては新しい性能を獲得する。すなわち大きなスパン、支持点の減少、極度の軽さ、建設の速さであり、大部分は工業的工程によって施工される。

① 「同じ形を繰り返し、斜めの三角形の構成を空間のなかで行なう細胞」という原理に基づいて、フランスの技師ル・リコレ（一八九四〜一九七七年）が、一九三四年以来、研究してきた。すでに、一九〇七年に、アメリカ人グラハム・ベルによって凧の構造に応用されたトラスは、それを軍事的に利用することが提案された（コンラッド・ワックスマンによる飛行機の格納庫、一九四六年）。通常の建造物へのトラスの応用は、一九五〇年とその翌年の、プレハブ式の規格部品である特殊な結合システムとしての「継手」の開発を待たねばならなかった。これらの継手の装置は特許権で守られている。その大部分はネジ式である。

ユニストラッド・スペース・フレーム（米）、トリオデティック（加）、スペース・デック（英）、メロ、オクタ・プラット（独）、ピラミテック（仏）などがある。フランスでは《ブーローニュのプール》の屋根（五〇メートル四方、途中の支点なし、一九六〇～一九六二年、マイヤール・エ・デュシャン設計、ステファヌ・デュ・シャトー構造）はトラスの代表的な応用例である。

② 折板構造は、被覆（鋸型屋根）として、あるいは重力を担う部材として使われる。《ロワイヤンの教会》（一九五二～一九五八年、G・ジレ）は、鉄筋コンクリートのV字形の折板構造を使ったもので、ベルナール・ラファイユが考案した。シェル構造は、単曲面または複曲面の薄い空間構造で、通常は屋根として使用される。

エコール・サントラルを卒業（一九二三年）した技師ベルナール・ラファイユ（一九〇〇～一九五五年）は、鉄筋コンクリートの薄肉の覆いとなる自己支持形の曲面、すなわち「シェル」に興味を抱いた最初の人びとの一人に数えられる。材料の経済の原則を掲げて、真の数学者として、彼は、つねにそれに依拠していたのである。ヴェルダンで錐状曲面体の屋根のついた格納庫（一九二八年）を、そして最初の双曲放物面の屋根の試作品（ドルー、一九三二年）を建てた後、彼は一九三四年に「薄い曲面の理論」を発表した。それは、他の屋根よりも軽い自己支持形の屋根を提案したものである。《ザグレブの万国博のフランス館》（一九三七年、カメロ設計）のために、彼は、直径三三メートルの金属の円錐台形の屋根を考案した。戦後の復興期には、建築期間が短く、経済的に建てられることが第一条件であるような多くの計画に彼は参加した。そのなかには、V字形が繰り返される折板構造を使ったフランス国有鉄道（SNCF）の扇形車庫や、倉庫（アヴィニオン、モーブージュ、クレイル、ヴィルヌーヴ・サン・ジョルジュ、一九四五～一九四九年）がある。

スポーツ施設や催し物会場の屋根には、しばしば、鋼鉄のドームが使われる。一九五〇年代に新しい構造が開発された。それは薄層構造のドーム、格子のドーム（グランヴァルの機械室の屋根、一九五八年）、バックミンスター・フラー（一八九五〜一九八三年）の測地線のドーム（六角形の網目による球形の）などで、彼のこの種の作品の最初のものは、一九五八年にバトン・ルージュ（ルイジアナ）に建てられ、その直径は一一七メートルであった。最もよく知られているのは一九六七年の《モントリオール万国博のアメリカ館》である。

③　吊り構造の屋根は、引っ張り力によって機能している。それは、金属または繊維の膜、ケーブル、あるいは両者の併用によって造られる。

近年の建築の歴史のなかで使われた吊り構造の屋根の一つは、一九五二年の《ラレイの競技場》（ノース・カロライナ、M・ノウイキ）である。そこでは、橋桁の形をしたコンクリートの二つのアーチに張られた鋼索によって、屋根が支えられている。一九五〇年代にラファイユの研究（ロワイヨンの教会の屋根）、ついでサルジェールの（マリー・トゥマ館、ブリュッセル博覧会、一九五八年、サン・カンの競技場、A・コップと共同）などによって、実験的な建築が増加した。最近では、建物の外側の固定点に向けられた矢形の棒を張りつめた管状の鉄塔（キャンペールのフリートガード社の工業建築、一九八〇年、R・ロジャース）がある。《ミュンヘンのオリンピック競技場》（一九六八〜一九七二年、G・ベニッシュ、F・オットー）、《ジェッダのエア・ターミナル》（サウジアラビア、一九八二年、スキドモア、オウイングス、メリル）、また、ジェノヴァ港のクリストファー・コロンブス記念祭のために建てられた、支索をつけた巨大なマストの間に張られた繊維の雨よけ（一九八四〜一九九二年、R・ピアノ）などは、広大な面積を覆うためには金属性の繊維が有効であることを示した。合成繊維（例：テフロン）は、最も高性能で、最近使われている金属と繊維の混合物による構造に耐久性を与えている（グランド・アルシュの「ニュアージュ」（雲）、ラ・デファンス、一九八九年、P・アンドリュー、P・ライス）（新凱旋門であるグランド・アルシュの内側にかかる雲状のテント）。

3　工業と伝統的材料

陶磁材料による建築があらゆる工業的な表現を拒絶しているように映るかもしれないが、伝統的建造物の幾つかの材料は、その反対に、興味深い技術的な交雑の好例を示している。たとえば、ガラスと木材は、新しい建築類型創造の一翼を担っている。

Ⓐ　ガラス――《クリスタル・パレス》（ロンドン、一八五一年）以来、建造物へのガラスの導入は大量生産を前提とした。一九五〇年代以降、カーテン・ウォールを構成する工業製品であったガラスは、一九八〇年代から巨大な面積のものとなり、外装用接着ガラス、すなわちVECとして使われて、その透明性とともに、建物の形態（稜角、表面）にきわめて純粋性を与えたり（ベルリエ工業会社、一九八九年、D・ペロー）、あるいは鋼鉄の繋ぎ材や補強材と組み合わせた強化ガラスによる構造材として使われている（ヴィレットの温室、一九八九年、A・フェンシルベール設計、P・ライス構造）。

ピーター・ライス〔一九三五〜一九九二年〕は、アイルランドに生まれ、ベルファスト大学を卒業した。《シドニーのオペラハウス》が建造されたときには、彼はそれに参加して、現地に十年間滞在した。英国へ帰った後は、ロジャースやピアノと協力して、《ポンピドー・センター》の設計と建築に携わった〔一九七七年完成〕。ついで、スウィンドンの《ルノー・センター》の設計では、ノーマン・フォスターと協力した（一九八三年）。それ以来、彼は、フランスに住み、一九八一年にはパリに設計事務所RFR（ピーター・ライス、マルティン・フランシス、イアン・リビティ）を開設した。ポール・アンドリューとは、ラ・デファンスの《グランド・アルシュ》の繊維による被覆物「ニュアージュ」（雲）（一九八六〜一九八九年）の設計で協力した。彼の協力者であるマルティン・フランシスは、ロンドンのセントラル・スクール・オブ・アート・アンド・デザインで美術を学んだ人であるが、幼時から、抜群の物作りの能力を備えていた。学業を終えてから一連の家具類や椅子を制作した後に、彼はフォスターとロジャースの協力者であった技師のアンソニー・ハントと一緒に仕事をした。フォスターとは、イプスウイッチでウィリス・フェイバー・アンド・デュマ社のビルの建設のときに協力し、彼は強化ガラスのカーテン・ウォールの構造における新しい問題点を解決した。ついで、彼は、アンティーブの帆船のマストの製作所（J・P・マレシャル）で働き、そこで、アルミニウムの船体の大型帆船を、注文に応じてデザインした（約二〇隻が建造された）。彼は《科学工業都市》（アドリアン・フェンシルベール設計、一九八六〜一九八九年）の建設に参加し、そこで大温室の南側立面を設計した。その温室のためにRFRはカーテンウォールを開発したが、その二メートル四方の強化ガラスは、皿穴を開けてビスとステンレス鋼の部品で固定し、抗風筋交いをつけて水平の支持材で軀体に連結されている。強化ガラスの柔軟性を利用した最初の建物であるこのヴィレットの温室は、「ポスト・プルーヴェ」の時代の典型的な「構造的ガラス」の時代への道を開いたものである。

Ⓑ 木材――「素朴な建築」（グロピウスの木造の山小屋、ル・コルビュジエのメゾン・ジャウルの最初の計画、ブルース・ゴフの家の板囲い）の象徴である木材の建造物もまた、この材料とその組み立て法の改良によって新しい工業的表現の標的となっている。金属のガセット・プレート（トラスの格点などに集まる部材を連結するもの）は、木材の釘付けの技術を改良した。一九六〇年代に積層材は屋根組み技術と木材の骨組み構造を一新した。専門の企業が中規模の公共建築の市場（倉庫、工房、体育館）に積層材の使用を容易に認めさせた。地域の伝統を表現するすぐれた利点があるために木材の構造は使われつづけている。ヌメアでは《ジャン・マリー・チバウ文化センター》（一九九二〜一九九五年）の建物で、レンゾ・ピアノが、木材の積層曲面板や竹や鋼鉄の高いシェル構造でカナカ族の建築にオマージュを捧げている。

II 表現の技法と図形

1 製図の技法

伝統的な平行投影図法（平面図、立面図、断面図）は続けられているけれども、設計や建物の表現は変化した。多かれ少なかれ絵画的な、コンクール向きの色彩や、陰影をつけた図面（エコール・デ・ボザールからの典型的な影響と言うべき、墨で淡く陰影をつけた平行投影図）から逃れて新しい手法が、まずは地域のレベルで、ついには国際的にも重要視されるまでになった。一九〇〇年から一九一四年の間に、中心消失遠近法（オットー・ワグナーからヨーゼフ・ホフマンおよびサンテリアまでの）は、孤立した建物のみを描く慣行から逃れて、都市の建物の集合体の表現によく対応できるようになった。一九一〇年から一九二〇年の間に、ポスター画家やモード画家のデッサンの動向に接して、線描のデッサンの優雅さは、住宅建築の専門家（マレ・ステヴァンス）にとって重要なものとなった。

Ⓐ **軸測投影図**――これは、北ヨーロッパの工業デザイナーの技能と、オーギュスト・ショワジーの技術的な方策に由来するものである。軸測投影法は、一九二〇年代の代表的な、総合的でモダンな手法となった。それは技術的な情報を伝達する手段であったが、同時に、立体の組み合わせや平面の複雑さを浮き出させ、新しい陸屋根を引き立たせるものであった。軸測投影法の断面図は、構造の基本方針や設備の詳細をよく表わすことができる。軸測投影法は、主となるファサードや、正面性や、左右対称性の優位を否定し、それによってモニュメンタルな性格を持つ建物の基本的な形をも否定することに影響を与えた。新しい形態の表現であるこの新しいルールは、各建築事務所で駆使され、モダニティーの国際化に寄与した。

Ⓑ エスキース──一九二五年以後、新しい印刷媒体に適していたということもあるが、モダンアートにおける〝創造〟がもたらした、個人の真正なる新しい価値が素描されるようになり、建築家の自筆のエスキースは、出版物や雑誌や個人作品集のなかに広くおさめられていった。ル・コルビュジエ、アールト、ミース・ファン・デル・ローエらにとって、エスキースは、芸術的、職業的な独自性を発揮するための強力な手段となった。

2 模型

展覧会にもよく用いられるようになり、模型は、もはや特別な大建造物のためだけのものではなくなった。その成功は、やはり、北ヨーロッパからもたらされ、一九二〇年代には形態や色彩の近代性の表現に役立った。写真に撮られたり、出版されたりして、模型は、建築家の想像力を高める道具のなかでも主要なものとなった。一九五〇年以来、模型は、大掛かりな都市計画の重要な伝達手段（建築家のためにも、計画の推進者のためにも）となった。最近では、建築のコンクールにおいて、模型は、伝統的な清書図面と同様に重要なものとなり、判定にいたる分析の手掛かりになるものとなった。

3 建築写真

一九三〇年から一九八〇年にかけて、書物や建築雑誌で白黒写真の印刷が支配的な地位を占めてゆき、建築写真は二十世紀にその黄金時代を迎えた。新しい内部空間、外部の造形、さまざまな対比から、われわれが引き出すことのできる全体構想を理解できるように、すぐれた専門家によって撮影された写真は、五〇年の間に、新しい〃抽象的な〃建築のスタイルをさまざまに映しだした。

この新しい建築の写真表現は、ひとつの新しい美意識の定義と深く結びついている。こうして、ル・コルビュジエの最初の写真家であるボワソナは、一連の撮影が動線と知覚の場として構築された空間を映像化している。その場の奥深さが空虚な空間の美を定着している。写真家と建築家の暗黙の了解の果てに、立体派の絵画がオブジェになったように、現代空間の写真はそれ自体で建築作品となった。フォトモンタージュという表現形式の下、写真は設計の伝達のためや、新しい建築運動の表明のために、ひとつの役割を果たした。それは、一九六〇年から一九七〇年の間の「アーキグラム」において顕著である。

4 情報処理と合成画像

一九七〇年以降、建築家の業務のなかに情報機器が浸透するにつれて、データの情報処理によって作り出される映像が、建築の工程全体にわたって不可欠のものとなった。最初は模型より安い費用でシミュレーションするという目的のために使われたこの新技術は、ついでＣＡＤ〔コンピュータ支援設計〕の分野でその有用性を示すようになる。この技術は、設計の状態に対応する量の瞬間的見積もりを可能にする。合成映像の最近の性能は、いままでのあらゆる表現形態（模型を含めて）に匹敵し、さらに新しい動的なシミュレーションがそれに加わる。軸測投影法の技術的可能性の特権が姿を消すや、最近の表現形式の一部は情報機器に依存したスタイルをとるようになった。とりわけ、透視図や複雑な断面図に、それが見られる。

III 形態と概念の伝播の手段

概念と参照資料の練り上げと流布は、一九二〇年代から、伝達手段の目覚ましい革新に支えられることになる。一方でさまざまな印刷形態もあれば、作品や資料の展覧会があって、それらが建築創造の社会的存在のひとつのあり方になるほどに発展した。

1 書籍と雑誌の出版、創始者の時代

Ⓐ 一八七五年から一九一八年の間の、アカデミックな学説が体制の外では力を失った時期に、主要な著述家、高名な建築家や批評家によるかなりの数の著作が現われ、一時代を画するものとなった。ヴィオレ・ル・デュックの著書『現代の住宅』(一八七五年)やオーギュスト・ショワジーの『建築の歴史』(一八九九年)の後に、アナトール・ボーデの死後出版の書『建築、過去と現在』(一九一五年および一九一七年)や、トニー・ガルニエの偉大な研究書『工業都市』(一九一七年)が発表されて、合理主義的な流れが姿を見せはじめた。その他の研究書は、ことにドイツ語によるものが多い。オットー・ヴァグ

ナーは一八九五年に自らの主張を『近代建築』で発表し、ヘルマン・ムテジウス（一八六一〜一九二七年）は一九〇四〜一九〇五年に『英国の住宅』を、ハインリッヒ・テッセノウ（一八七六〜一九五〇年）は『住宅建築とデルグライヘン』を一九一六年に発表した。またチャールズ・フランシス・ヴォイジーは一九一六年に『芸術の基礎理論』を英文で著わした。

アール・ヌーヴォーとの訣別を告げる傾向の論評には、一九八四年に発表されたアンリ・ヴァン・ド・ヴェルドの『芸術の排除』がある。革新的な傾向の人物としては、アドルフ・ロースが一八九八年から一九一四年の間に複数の論文を発表し、同様に米国の建築家たちも著作を発表した。フランク・ロイド・ライトは一九一〇年にベルリンでドイツ語版の『建築と設計を超えて』を刊行し、一九一八年にはルイス・サリヴァンの自伝『幼稚園談義』が出版された。

Ⓑ 一九二〇年から一九四〇年の間には、戦闘的な試論や新しい著作が飛躍的に増加した。一九二三年にはアドルフ・ベーヌが新しい建築の初めての総括的な書である『モダン建築』を、一九二三年にはル・コルビュジエが彼の最初の著書である『建築をめざして』を発表した。

ル・コルビュジエは、続いて『こんにちの装飾芸術』（一九二五年）、『輝く都市』（一九三五年）、『大聖堂が白かったとき』（一九三七年）を発表し、それらは専門家たちよりも一般大衆に広く浸透した。一九二九年に彼は、『総作品集』（全八巻、一九二九〜一九六七年）の刊行を始めたが、それは体裁においても内容においても革新的なものであった。その判型は横長のイタリア判で、文章と図版と写真とによる編集構成《モンタージュ》は、真に現代建築の〝実物教育〟と言えるもので、一世代若い建築家すべての教育に一つの役割を果たしたものであった。この出版形式は、当時の多くの活発な建築家たちにとって、個人作品集のモデルとなった。フランスではリュルサが、他国ではアルヴァー・アールトがその例となる。〔第一次および第二次の〕両世界大戦間の時代にCIAM（近代建築国際会議、後出）の主張を広めようとする努力は、テーマごとの出版物の発表に向けられた。そのなかに『最低生活条件のための家』（一九三〇年）がある。バウハウスの出版物である『バウハウス叢書』もまた、一九二四年から、主義主張を広めるためのドキュメンタルな出版の動向に加わった。

Ⓒ **雑誌**——この時期には、雑誌が建築の現況を国際的に伝えるために大きな役割を果たした。そのほとんどは新規に発刊されたものである。それらは二種に大別できる。まずは、前衛的な思想とその背景を限られた読者たちと共有するものがある。一九一九年から一九二五年までル・コルビュジエとオザンファンによって編集された『レスプリ・ヌーヴォー』（新精神）や、一九二三年から一九三三年までパリで建築家ジャン・バドヴィシが編集した小部数の、しかし入念に作られた雑誌『ラルシテクチュール・ヴィヴァント』（生きた建築）などがそれである。バドヴィシは国際的な動向にとくに重点を置いた。ドイツ工作連盟の出版物である『ドイツ工作連盟年報』は一九一六年、一九一八年、一九一九年の各年を除いて、一九一二年から一九二〇年までは年刊であったが、一九二二年に月刊『ディ・フォルメ』として刊行さ

れ、間を置いて一九二五年から一九三四年まで続いた。また、新造形主義の芸術家集団の機関誌である『デ・ステール』（一九一七〜一九三一年）は、そのタイポグラフィーとレイアウトの新しさの点できわめて重要なものであり、それは建築の革新を鼓吹するものとなった。一九三〇年前後に大きな影響を持った事柄としては、専門家を対象とした新しい雑誌の創刊があり、それらは挿図や写真による説明に力点を置いている。フランスでは『ラルシテクチュール・ドージュルデュイ』（こんにちの建築、一九三〇年より）が、外国にも通信網を持って発行を続けているし、一九四一年からは『テクニック・エ・アルシテクチュール』（技術と建築）が出ている。イタリアでは『ドムス』（一九二八年より）と『カーサ・ベッラ』（一九二八年より）が出ている。

Ⓓ 評論――歴史的な理解や証言をすることによって自分の立場を支えてきた評論家たちは、以前は（一九二〇〜一九六〇年）明らかに専門家の領域外にいた。その後は、反対に、評論家は建築家たちの専門的な議論において、ある一つの傾向の代弁者となった。

① 一九二〇年から一九四〇年の間には、若い世代の評論家たちが、新しい思想を広める役割を担った。フランスではジュリウス・ポズネール、マリー・ドルモア、ピエール・ヴァゴ、ドイツ語圏ではアドルフ・ベーネ（一八八五〜一九四八年）、ジークフリート・ギーディオン（一八八八〜一九六八年）、英国ではニコラウス・ペヴスナー（一九〇二〜一九八三年）、イタリアではエドゥアルド・ペルシコ（一九〇〇〜一

九三六年)、ジュリオ・カルロ・アルガン(一九〇九～一九九二年)、米国ではヘンリー・ラッセル・ヒッチコックが活躍した。

② 次の時代の一九四五年から一九六〇年頃までにおいては、主要な論文の大部分は、その原資料と主なレフェランスを、アングロ・サクソン文化のなかから得ている。ギーディオンの著作『空間、時間、建築』は、工業的でアメリカ的な十九世紀に源を持つ歴史的継続性のなかに近代建築を置きなおしている。ブルーノ・ゼヴィは、『建築の見方を学ぶ』において、米国の有機建築を擁護している。ニコラウス・ペヴスナーは、英国で、近代性のヨーロッパ的伝統を擁護することによっていっそう孤立している。

③ 一九六〇年以降の目立った傾向は、批評家たちが二つの陣営に分裂したことである。一方には、新しい現実に関心を持つ人びとがいるし、他方には、短期間での開発、急ぎの問題提起を打ち立てようとするアングロ・サクソン系の人びとがいる。前者には、G・E・アルガンのように、社会的、文化的現実に特別の関心を寄せる人びとや、レイナー・バンハム(一九二二～一九八八年)のように、芸術的、技術的現実に惹かれる人びとがいる。また、もう一つの陣営の人びとは、しばしば、建築実践とその問題に、直接、関与している。たとえば、ポストモダニズムの米国での推進者であるチャールズ・ジェンクスのような人がそれである。

2 展覧会

建築科の学生の展覧会であったり、あるいは世紀初頭の美術展覧会の単なる一部門に過ぎなかったりした状態（たとえば一九三〇年以後のパリのサロン・ドートンヌ）から、建築の展覧会は専門化された組織となった。設計コンクールの展覧会、テーマ別の展覧会、建築家個人の展覧会を、区別して見ることにする。

①　設計コンクールの展覧会は、コンペの公開の概念と結びついている。この種の展覧会は専門的な問題点を持っていて、たとえばプラグ街のＨＢＭ（低家賃住宅）のためのロスチャイルド財団のコンクールのように社会的なものであったり、一九七一年のボーブール地区の芸術センターのためのコンクールのように政治的なものであったりする。

②　ドイツのヴァイマールにおける、テーマを持った（あるいはグループ別の）展覧会は、〝新建築〟あるいはバウハウスの作品を、世に出した。この主題を持った展覧会には、歴史的、文化的に大きな役割を果したものがある。たとえば、一九三二年にニューヨーク近代美術館によって組織された最初の建築展覧会のように、そのコミッショナーであったＨ・Ｒ・ヒッチコックとＰ・ジョンソンにとって、米国における〝国際様式〟の概念の普及のチャンスになったものや、あるいは一九四三年に同じ美術館で開催された《ブラジル建築展》のように、ブラジルの新しい公共建築の国際的威信を確立したものもある。

③　個人展覧会は存命の建築家を大芸術家のランクに位置づけるものであり、一九五〇年以後には、指導的建築家を認知することに大きな役割を果たした。ル・コルビュジエ、ミース・ファン・デル・ローエ、グロピウス、アールト、そして、こんにちではCh・ド・ポルザンパルクの名が一般大衆にも知ら

れている。ごく最近では、各地の大美術館において回顧展が開催されて、世を去った建築家たちの歴史的役割を定着することに貢献している（例：パリのポンピドー工業創作センターにおけるトニー・ガルニエ、ジャン・プルーヴェの回顧展）。

Ⅳ　建築の制度と職務

1　建築家の養成

建築家の育成は、この時期に徐々に進化して、エコール・デ・ボザール（国立美術学校）で行なわれてきたフランス方式とは明確に一線を画すものとなっている。

Ⓐ　十九世紀末から一九四〇年までは、モニュメンタルな建築の設計コンクールにおいて、建築家の技量が発揮されているところではどこでも〝ボザール様式〟が支配的であった（米国東海岸の諸大学、あるいはリオ・デ・ジャネイロやメキシコの美術大学など）。一方でアカデミックな伝統が、架空の雄大な注文を想定した理想的な設計案を入念に創り上げるよう建築の学生を導いている間に、他方では一九二七年以後のバウハウスにおけるハンネス・マイヤーの下では、現実の注文による先端的な建築教育が行なわれていた。現実社会との結びつきがもたらす問題点は現在でも未解決のままであるけれども、しかしな

がら、この実際的な教育は、理論的、科学的な側面の問題を解決するものではない。一九五〇年以降、建築教育は、デザイン教育と連携したものか、あるいは総合的工業技術教育と組み合わせたものになっている（例：スイス連邦工科大学）。

Ⓑ フランスにおけるボザール様式との公的な訣別は、一九七〇年まで見られなかった。建築教育の学部、ついで建築学校（大学レベル）が創設されたが、それはまず施設省の、ついで一九九六年から文化省の管轄下にある建築管理機関の管理下に置かれた。重要なことは、ローマ賞が廃止されたことである。したがって、それは、受賞者に与えられる公的注文を受ける過程における特権と一体になったエリート養成の教育課程の正当性の否定ということになる〔公的大建築の注文はローマ賞受賞者に優先的に発注されていた〕。一九七七年以降は公開コンペが義務化されたので、発注のより良い配分が可能になった。

2　建築の実施の方式

実施の方式には伝統的に三通りの方式があるようである。

Ⓐ 米国の請負業の伝統は、技術的、商業的、デザイン的な業務を同時に果たそうとするものである。この請負業は一つの企業であり、一人の責任者によって指揮されるが、その者は必ずしも建築家であるとは限らない。建築家、技師、そしてさまざまな技術者が、その業務を分担する。この方式は広範に行

なわれている（中国、日本も含まれる）。

Ⓑ フランス方式の自由業としての専門家による実施。建築家は、設計と施工の責任を持ち、原則として施主の利益を代表する。技術的な機能はエンジニアリング会社（BET）のような他の業者が受け持つ。全体の責任者は建築家であり、彼は、設計の作業を管理指導すると同時に、業者の作業能力と注文との釣り合いが取れるようにする。

Ⓒ 公務員の建築家は、他の作業員と協力して、建築の公的業務を行なう（かつてのロンドン市評議会の建築局の方式）。

3　建築家の使命の拡大

長いあいだ、建築家の仕事は設計と見なされてきたが、ゼネラリストという観点から、建築家の使命は変革を余儀なくされているようである。

Ⓐ ゼネラリストの前には、絶えず複雑な任務が立ちはだかっている。一つの設計のための能力は、こんにちでは実施作業の管理、作業計画の立案、諸設備や部材を製造する工場主らとの交渉にも振り分けられている。技術の革新や改善の流れは、設計の古典的なあり方を追いやってしまった。すべての諸

業務が進化してしまったいまでは、建築家の地位や建築教育の目的が再検討されなければならない。

Ⓑ 建築の工程のなかで、そして予算のなかで、工業的に製造された部材や設備が占める地位の上昇は、その建築の骨組みや軀体の相対的地位を下げる傾向がある。この現象は、諸専門家（F・プイヨン、一九六八年、P・デュフォー、一九八七年）や歴史家たち（R・バンハム、一九六九年）によって、一つの歴史的傾向として確認され、個々の業務についての再検討が必要となりそうである。すなわち、普通の建築のための建具枠や、規格品の設備による設計や、それとは別の特別な計画のための注文に合わせた設計などについてである。(1)

（1）R・バンハム『良く調節された環境の建築』（ロンドン、ザ・アーキテクチュラル・プレス、一九六七年）。

第二章　二十世紀の建築の始まり（一八九〇～一九一四年）

起ころうとしていた大きな変革は、建築の〝工業的アプローチ〟の目覚ましい進歩（鋼構造や鉄筋コンクリート工法）と、新しい居住形態《ヴィラ》（実態は郊外の新しい居住地域のすべての家）と公営住宅の出現とによって、当時からその兆候が指摘されていた。一八九〇年から一九一四年までの間の、巨大な建築が中心になっている地域の外への建築の需要の移動は、「原初の合理主義」（イタリアの評論家ペルシコによる、一九三五年）の出発点になるものであり、それは、伝統的な建築の概念からの離反へとつながるものであった。装飾過剰という贅沢さは快適な設備という贅沢さに取って代わられ、折衷主義は革新性と交代した。この時代には、技術的な手段と新しい計画が、供給の全面的な変革を刺激しはじめた。つまり、新しい教養と新しい実践の出現である。

ヨーロッパにおいては、左傾化した社会的政治的（フランスでは急進的な、ドイツでは協力的な組合主義の、ウィーンでは社会改革的な、英国では労働党の）背景のなかで、一八八〇年代から、既存のアカデミックな機構から離れたところで、幾つかの集団的な示威運動が未来の方向を指し示していたのである。応用美術の地位向上（アーツ・アンド・クラフツ運動）、ウィーン工房（一九〇三年）、ドイツ工作連盟（一九〇七年）

の創設などが、その例である。米国では、強大な工業経済の発達が、財界に実用的な家の建造を遂行する新しい能力と、住宅建築の新しい基準の設定をうながした。

I　工業技術の影響

一九八〇年から一九一四年までの間に、建築システムの変化は集中的な効果をもたらした。それは、建築空間とその形態に関する考え方に対して疑問を投げかけたのである。鋼構造は完璧な成果を得たし、鉄筋コンクリートの新しい工法は、建設会社によって広められた。別の面でも、軀体の技術以外に、建築の設備に役立つ諸技術は、その使用価値や快適さによって、建築を考える上で重要な役割を果たすようになった。

1　軀体の技術

はじめは鋳鉄の、続いて鋼鉄による、構造のゆるやかな発達の結果として、十九世紀末にエンジニアたちによって設計された驚異的な大建造物が、新しい建築方式の効率の高さを証明した。他方、〃鉄筋コンクリート〃構造は、すでに実用的建築において、その使われ方が模索されはじめていた。

Ⓐ鉄骨建築――十九世紀においては鉄骨構造のみが、石や煉瓦の組積構造と対抗することができた。それは、工業的な生産における一連の特殊な作業や部材の製造の研究を前提としていた。その領域は、長らく芸術作品か大建造物に限られていた。十九世紀末には、オルセー駅やグラン・パレのような鉄骨の大建築が、多かれ少なかれ、堂々たる石材で覆われた。

鉄骨構造の復活は、新しい使い方によって明確に現われた。そして、それは古典的な建築の空間や形態に範を求めることを拒否したのである。一八八九年の万国博覧会のために建てられた《機械館》（建築F・デュテール、構造V・コンタマン）は、同時代の人びとから「途方もない空間」（J・K・ユイスマンス）と見られた。この機械館には、伝統的な静的な形態からはかけ離れた、関節構造の原理や緊張した曲線の新しい形態が導入された。

さまざまな設計条件の下、手の込んだ外観の建物にはリベット締めをした鉄骨が露出した状態で組み込まれ、それに煉瓦が充塡され、陶製の細部装飾が加えられた。ノワジエルの《メニエ工場》（一八七一～一八七二年、J・ソーニエ）、一八八九年の万国博覧会の《美術館》（J・フォルミジェ）、《SUDACの工場》（パリ、ケ・ド・ラ・ガール、一八九一年、建築J・ルクレール）、トゥール駅の《オテル・デ・ポスト》（一九〇〇年）、《シテ・アルジャンティーヌの集合住宅》（一九〇〇年、H・ソヴァージュ）、レオミュール街の《プティ・パリジャンのビル》（一九〇三年）などが、このたぐいである。立面に見られる骨組みの線条と彩色の効果は、それなりに〝モダン〟である。一八八五年から建てられはじめた、型打ちされた鋼板の部材による《鉄の家》（システム・ダンリー、システム・デュクロ）は、新しい可能性を示している。そのユニット式構造、商業化、輸出（ベルギー、アルゼンチン）は、住宅建設の工業化への多くの試みの先駆となるものであった。

米国とカナダでは、リベット締めの鋼構造の工法は、高層建築の建設、つまり摩天楼というなじみのタイプの発達とともに、当時の科学技術の状況と緊密に結びついていた。

耐力壁の構造よりも軽い鉄骨構造は、比較的速く建てることができて、投入された資金の不動産化の期間を短縮することができる。高層建築の高さは一八九八年には三〇階に達したが、それはオフィスビル、大ホテル、集合住宅などの形態を決定することになった。一九一三年に完成したニューヨークの《ウールワース・タワー》（建築C・ギルバート）は五五階建てで、その折衷主義的なディテールによる外装はその後の二〇年間、他の模範とされた。

Ⓑ 鉄筋コンクリートの建築——第二帝政下の建築業者の経験に基づく試みのなかで生まれた鉄筋コンクリート工法（ランボ、モニエ）は、型に流し込まれたモルタルの壁や柱に鉄筋を組み込むことから成っている。一八八〇年以後、フランスやドイツの企業家たちが、鉄筋コンクリートの技術を実用的に発達させた。エドモン・コワニエは、構造計算に取り組んだ最初の人である（一八九四年）。フランソワ・エヌビックは、鉄筋コンクリート構造の工法についての特許権を申請した最初の人である（一八九二年）。彼らは、鉄筋の配置の合理化に貢献した。鉄筋は引っ張り力に対して、コンクリートは圧縮力に対して働くものである。

エヌビックの特許の特約を与えられた企業ネットワークは、この工法の急速な国際的普及をもたらした。組積工事をしていた業者たちは、この工法を倉庫、タンク、敷石などの実用的な構造物に使った。鉄筋コンクリートの組成の科学的研究と、材料の耐性の理論の応用は、鉄筋コンクリート構造による設計の計算を可能にした。鉄筋コンクリートの建造物の建設に最も打ち込んだ土木技師たちを結集した幾つかの工事が終わった時点で、この工法は、ついに、政府の『鉄筋コンクリートの使用に関する一九〇六年十月二十日付けの通達』によって公認された。

この時期には、一般的な建築や、モニュメンタルな建築の計画に鉄筋コンクリートを導入することについては、多くの建築家たちがためらいを抱いていた。彼らの大部分は、鉄筋コンクリート構造の上に煉瓦や大理石などの凝った化粧材を着せて美しく見せるというところまでしか踏み込めなかった。他の人たちは、たとえばF・L・ライトのように、成型したコンクリートの装飾的要素を付け加えた。

コンクリートの外観の問題は、一八七〇年代にすでに英国の建築家たちによって取り上げられ、彼らはコンクリート塊（鉄筋ではない）の壁に陶板を張ることを始めていて、この解決法は一九一四年以前には頻繁に使われた。幾つかの例証となるような建築が、鉄筋コンクリートを、建築家が伝統的な組積法による建築の形態と装飾を模倣的に使うことが可能であることを示している（エヌビック社の本社、パリ、一九〇一年、建築アルノー）。しかし、他の人びとは、コンクリート本来の建築表現である新しい空間、新しい形態を明確に表現する方法を追求した。

一九一四年以前の鉄筋コンクリートの建築表現に対する最も重要な貢献は、建築家と企業家を兼ねた人びとによって行なわれた。ピーター・コリンズが強調するように、彼らのみが、一つの計画の設計と現場の経験を結びつけることができた。[1] オーギュストとギュスターヴのペレ兄弟は、パリに車庫（ポンチュー街、一九〇五年）と劇場（モンテーニュ街、一九一二年）を建てた。ハイルマンとリットマンは、ミュンヘンでウィーンの《ティエツ百貨店》のホールのために、単純で厳格な形態の鉄筋コンクリートの骨組みを設計したが（一九一四年）、それはそのホールに近代的な性格を与えた。

（1）P・コリンズ『コンクリート、新しい建築のヴィジョン』（ロンドン、フェイバー・アンド・フェイバー、一九五九年；仏訳『コンクリートの華麗さ』、パリ、エディション・アザン、一九九五年）。

教会建築（パリ、サン・ジャン・ド・モンマルトル、一八九七～一九〇五年）のために、A・ド・ボードは、ゴシック様式の形態と、鉄筋で補強した煉瓦の構造（コンタンサン法）とを統合することを提案した。ブール・ラ・レンヌに建てた《自邸》（一九〇四年）において、フランソワ・エヌビックは、庭つきの屋上テラス、大きな窓、ガラス入りの間仕切り壁、大きな張り出し窓を開発した。ポール・ギュアデはその《自邸》（パリ、ミュラ街、一九一〇年）で、屋上庭園を繰り返して使い、屋外に螺旋階段を取り付けた。とくに彼は、道路側のファサードに骨組みの構造、柱、床の縁がつくりだす線が厳しく直交したデザインを施した。各階とも同じ窓、および陶製の窓敷きの充填材などは、コンクリートの簡潔な形態とともに、すでに鋼構造でなじみの格子状の立面を成している。F・ルクール（一八七二～一九三四年）は、《中央電話局》（パリ、ベルジェール街、一九一二年）の建築において、鉄筋コンクリート建築の新しい空間における使用価値を証明して見せた。それは、強度のある床、立面の幅広い格子による充分な明るさ、従業員の休息場を設置するための屋上テラスなどである。厳格な形態は、鉄筋コンクリート建築のモニュメンタルな表現を示している。

ドイツ語文化圏においては、鉄筋コンクリート構造は広く認められて、折衷主義の複雑な形態を放棄して、単純さの美学を取り入れようとする主張のなかで大きな役割を果たした。A・ロースの《ミヒャエラー・プラッツのビル》（一九一一〜一九一二年）は、鉄筋コンクリートのポルチコを持ち、正面からはわからないけれども、各階のコンクリート仕上げの無装飾性を正当化している。他方、内庭側の立面には、より広くガラスが使われている。並んだ柱の内側の構造は、さまざまな機能に当てられた各階の平面の調整に大きな柔軟性を与えている。

米国では、産業用の建築の計画において、この新工法は一八九五年以降、急速に成功を収めた。それはサイロとタンクである。高層オフィスビルの形態はとても早くから鉄筋コンクリートで表現された。その例として《インゴールズ・ビルディング》（シンシナティー、一九〇二年、エルズナーとアンダーソン）が挙げられる。しかし、より安価な鉄骨構造との激烈な競争によって、この工法の発展は阻まれた。《マールボロー・ブレンハイム・ホテル》（アトランティック市、プライスとマクラナハン）では、鉄筋コンクリートは、多くの上ることのできる陸屋根、突き出したバルコニーと通路、さらに新機軸の滑らかな内壁、および規則的に点在する装飾を可能にした。それよりはるかに独創的なものとしては、《フィリスバーグの量産方式の家》（一九〇九年、トマス・アルヴァー・エディソン）があり、鋳鉄の部品を組み立てた型から作られた。一九〇六年のサンフランシスコの地震以後、カリフォルニアでは、鉄筋コンクリートは、普通に使われるようになったが、そこでは、幾つかの劇場が鉄筋コンクリートの骨組みで建てられている。

きわめて大きな建造物や芸術作品のためには、形態の革新、構造的な新しい性能の表現が必要であるが、それには、エンジニアたちの経験が役立った。R・マイヤールがタヴァナサでライン河に架けた箱型断面の三交接アーチの橋や、ブレスラウの屋内市場（一九〇八年、建築H・キュスター）や、放物線の支持体による百周年記念中央市場（一九一三年、M・ベルク）などは、大規模な三次元構造物のその後の可能性を示した。

2　材料と設備

数多くの工業的材料が、建築の世界に導入されはじめた。陸屋根の防水性は、カランドライトのような切れ目のない被覆物によって保証されるようになった。アスベストは、建物の防火装置のなかや、とくに屋根や導管に使われる〝石綿セメント〟の成型部品としても使われるようになった。

壁の化粧材としては、凍裂しない釉薬をかけた陶板が使われた。仕上げ工事のためには数々の新しい資材が現われた。従来の窓ガラスにかわる工業的板ガラスや、リノリウムやテラゾライトのような連続的な床の被覆材である。

十九世紀末には、建築の施設は新しい技術のシステムの能力に応じて、新しい歴史的段階に入った。電動エレベーターや、暖房や、照明の方式は、計画全体に関係した。米国ではオフィスビルや劇場の計画において、空調装置や防火システムが、設計の技術面で、また建設の予算面で、重要さを増した。

また、米国では、一八九〇年から一九一四年にかけて、住居空間の快適設備のために、まったく新しい技術的な取り組みがなされるようになった。それは、環境（北東部における気候の厳しさ）や、家屋の伝統的な軽い構造（釘打ちした木材の骨組み）に関係するものである。

衛生設備や家庭用品の工業生産や商品化は、電力の配給がもたらす変化の自覚（フレッド・ホグソン、一九〇四年）とともに、快適さを求める一般的な需要に応じて増大する、機械化の基盤をなすものである。

「現代の米国の建築は、完全な給水給湯のシステム、安全で衛生的な生活廃棄物の管理のシステム、換気と連動した自動的で適切な暖房のシステム、適切で完全な人工照明の配置を備えていなければならない」[1]。このような理由で、一九〇五年に、当時の人びとは、住宅のコストが一八九〇年以来倍増したと見積もっている[2]。現代の経済学の研究によれば、一九一〇年頃には、米国式の住宅の建設予算のなかで、設備費の占める割合は二〇～四〇パーセントであった。

（1） J・K・アレン『現代の家庭の衛生設備』（シカゴ、ドメスティックエンジニアリング、一九〇七年、五頁）。

（2） E・H・リチャード『住まいのコスト』（ニューヨーク、J・ウイリー・アンド・サン、一九〇五年）。

II　建築の需要の変化

十九世紀の主要都市の拡大と、再開発（パリ、ウィーン、バルセロナ）の時代の社会的要求は、巨大な公共空間と施設を重点的に創り出すことであった。一八九〇年代からは、住宅建築の問題はすでに最重要の位置にあった。この現象は、長い期間にわたる建築の需要の歴史的な変動に対応している。この需要は、二つの明確に異なる形をとっている。すなわち、個人の持ち家と社会住宅である。それにしても、とくにドイツと米国においてより鮮明であったことは、資本主義的工業経済の建築計画が、この建築の類型の大きな変革の源であったということである。オフィスビル、機械化された大量生産の場（電気エネルギーによる）と、大容量の貯蔵手段（サイロ）などが、その例である。

1　住宅の建築

分譲地の発達は、都市の中産階級に、これまでになかった人生設計への刺激を与えるものであった。それは、自分の所有地に家を建てて、そこに住むということである。第二帝政の頃から、この類型上の変化の大きさは知られていた。「中産階級の邸宅は確かにわれわれの芸術の新しい分野を構成するものである。それは近郊の本物の建築である。」（セザール・ダリー、一八六四年）

新しい基準への適応を必要とするこの計画の前に、古典的な建築の方式は、その限界を露呈することになった。この意味で、ヴィオレ・ル・デュクによれば、〃現代の建築〃は、多くの場合、土地区画の面積が狭いという物理的な現実や、庭園（テラス、アプローチ、景観）との親密な関係の魅力、および、調度類や快適設備の使い勝手への適応などの点を考慮に入れることを要求するのである。そこから、非対称で多様なプラン、外部と内部との入念で有機的な結合が考えられるようになり、見栄えを要求する空間（玄関、広間、室内階段）などの抑制が起こり、それはあらゆる大袈裟な気取りを排除することに通じるのである。これを埋め合わせるための、個性的で複雑な屋根組みが行なわれているのが見て取れる。古典建築を参照した形態を放棄し、過去の諸形式による折衷主義の段階を過ぎて、中産階級の建築は、土着の建築材料、あるいは陶製品や多色を使ったその地域の形態を、画趣に富んだ方法で再解釈する方向へと進んだ。英国では一八七五年以降、ノーマン・ショーがベッドフォード・パークに建てた家や、フィリップ・ウェッブが建てた家は、過去を顧みない文化的要求に応えた設計能力を示している。〃モダンな家〃は、快適な設備や備品を追求し、それに〃理論に基づいた夢〃のなかでの合理的で自由放任的な行動を結びつけたのである。それは、フランスでは第三共和制初期の〃土地持ちの市民〃（モニエ、一九八二年）の社会的地位によく対応したのである。居住形態の歴史のなかで明確な一段階を画すこの中産階級の住宅は、一九〇〇年頃には、他の変種とともに、田園都市、近郊住宅地、〃有閑階級〃（ヴェブラン、一八九九年）の休養地などで地歩を固めたのである。米国のメイン州の海岸、ブルターニュやバスク地方の大西洋沿岸、あるいは故郷に帰ったメキシコ人のためのユバイ河流域などが、その例である。

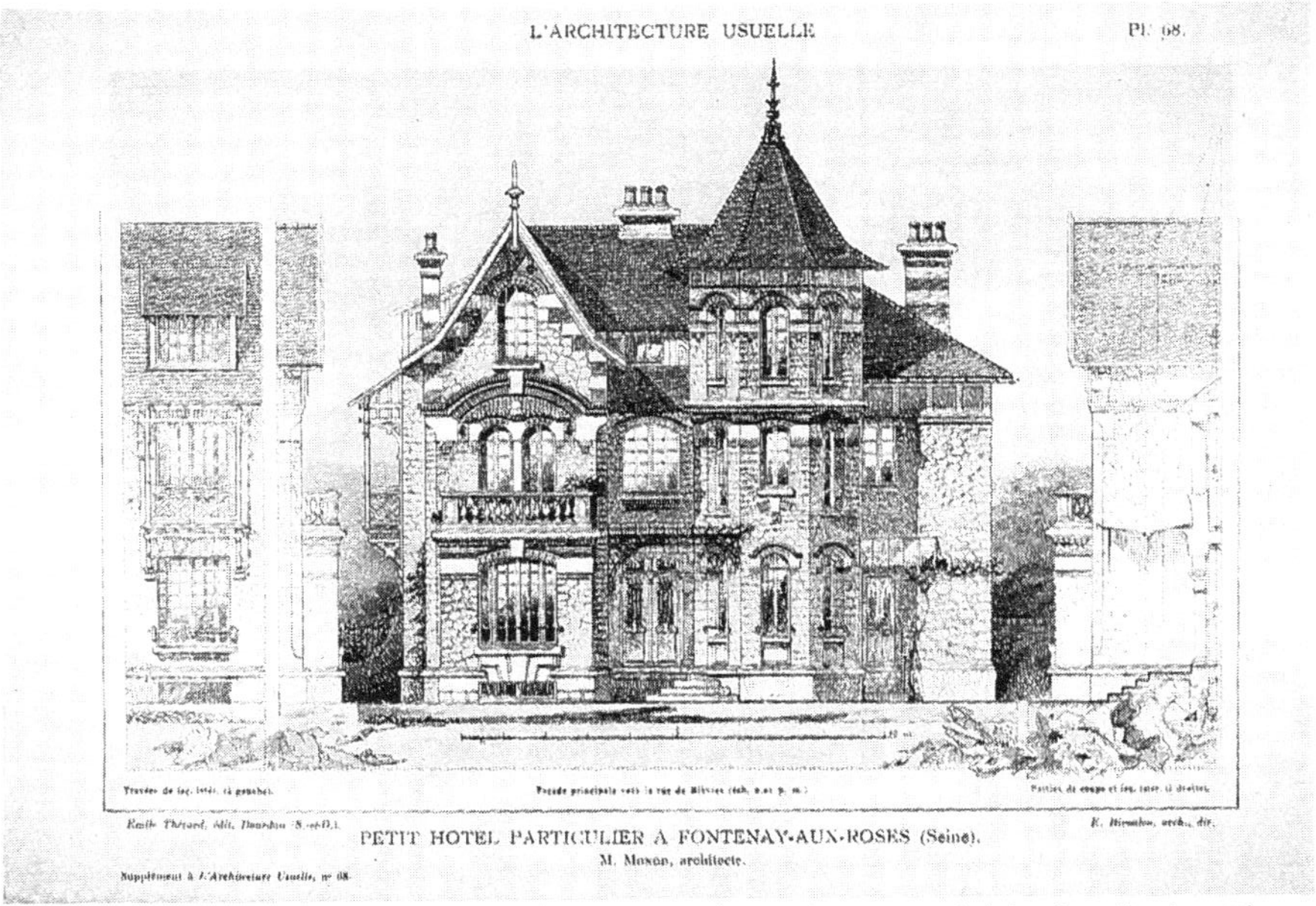

近代的な家　《ヴィラ・ウージェーヌ》　フォントネー・オー・ローズ（オート・ド・セーヌ）
1905年頃　『住宅建築』より

フランク・ロイド・ライトは米国で、大草原の風景に、そしてことに新しい生活様式に適合した新しい住宅建築の開発を提案した。

この計画のなかで、彼が動的な、したがって革新的な表現への道を開いたことによる、出資者と建築家との対話が、注意をひく。このことは、賃貸住宅がもたらした、施主の側にそれまで見られた受身の姿勢を退けて、彼らの創意工夫を刺激したのである。この対話の慣行は、国際的な参照資料を供給する数多くの美術や装飾の雑誌に支えられていた。ベルギーの『ラール・モデルヌ』(一八八四創刊)、英国の『ザ・ステュディオ』(一八九三年)、ドイツの『ユーゲント』(一八九六年)、フランスの『アール・エ・デコラシオン』(一八九七年)などである。これらのすべては、住宅建築のなかの何であれ、すべてにおいてアール・ヌーヴォーの、そして後には他の革新者たちが華々しく活躍していたことを伝えている。

2　公営住宅の建築

一八九〇年に『労働者階級住宅法』が可決された英国に続いて、オランダでは、一九〇一年から、一つの法律が地方自治体に公営住宅に対する補助金を出す権利、および不動産開発業者と不動産所有者を監督する権限を与えることになっていて、この面での最先端にあった。

フランスでは、公庫が公営住宅の建設機関に低利で融資を行なうことを許す『ジークフリート法』(一八九四年)があり、労働者のための住宅である公営住宅は公的にＨＢＭ(低家賃住宅)と呼ばれていた。一九〇六年の法律は、民間企業へ認可される特典を拡大するものとなった。一八九〇年から一九〇五年までの間には、慈善団体によって、幾つかの建築コンクールが組織された。それには作業に習熟した専門家たちが多数動員された。たとえば、ロスチャイルド財団は、パリのコンクール（プラグ街、一九〇五年）で、エンジニアのエミール・シェッソンにその計画を立案させた。彼は、一九〇四年に『庶民の生活における快適設備』を著わしている。シェッソンは、ギュイーズにおけるゴダンの「ファミリステール」（フーリエの提唱したファランステールに基づき組織された多数の家族の共住労働共同体）に着想を得て、住宅と借家人の共同体に当てられた場との新しい均衡を追求した。この住宅の平面計画や設備についての設計者の仕事は、多くの場合、革新的である。

《労働者住宅群》のために、一九〇五年から一九一三年の間に、建築家A・ラビュシェールは、新しい建築システムとアパートのプランの体系的アプローチを考えた（鉄筋コンクリートの骨組みと煉瓦の充塡材）。ラ・サイダにおいて、彼は衛生面での基準に応えて、「各棟の多様性は、各住戸に一日のうちのさまざまな時間に三方向からの日照を確保することを可能にしている」と書いている。[1] 同一のブロック内における建物の合理的な配置は、階段と柵で有機的に結ばれているが、限られた敷地内で、あらゆる画一性を排除している。閉鎖的な内庭に代わって各棟間の間隔が広げられたことは、道路に面して建物が連続しているオスマン方式から抜け出るための初めての貢献であった。

（1）『フランス低家賃住宅公社社報』第三号（一九一四年、一六四〜一六五頁）。

他の類型上の変革は、パリで、アンリ・ソヴァージュ（一八七三〜一九三二年）によって行なわれた。彼は、シテ・アルジャンティーヌ（ヴィクトル・ユゴー街、一九〇三年）で鉄骨のビルを建てた後、一九〇三年に、《労働者住宅》のために最初の外観が階段状のビルを設計した。これは、一九一二年にヴァヴァン街に、鉄筋コンクリートで共同所有者のために建てられた。

これらすべての仕事は、建築費を過度に高くしてはならないという条件と、美感と衛生への配慮を折り合わせなければならないという住民の要望に対応する、新しいタイプの建築を創造する必要性に応えるものであった。[1]

（1）パリ市参事会『低家賃住宅委員会報告』（一九一二年）。

3　工業と実業界のための建築

工業資本主義の旺盛な活力は、その分野に、建築の面での大きな主導性を与えた。米国では、巨大なオフィスビルを建てるために、建築家や建築業者は、新技術による新しい計画を実現した。それは、すでにわれわれが見てきた鉄骨構造であるが、同時に、立面のデザインに独特の着想があり、新しい建築の姿が強烈な印象を与えている。広い格子の《マーケット・ビルディング》（シカゴ、一八九四年、ホラバード、ロシュ）や、狭い格子の《ギャランティー・ビルディング》（バッファロー、一八九五年、L・サリヴァン、D・アドラー）などが、それである。ルイス・サリヴァン（一八五六〜一九二四年）は、《シュレジンジャー・アンド・メヤー百貨店》（現在のカーソン・ピリー・スコット社、シカゴ、一八九九〜一九〇四年）に対して、初めて商業建築の古典の地位を与えた。そこでは、骨組みの白い陶製の化粧材が、歴史主義的な装飾の伝統からの訣別を示している。「もしわれわれがわれわれの思考を建物の構造に集中できるように、何年かの間装飾を使用することを完全に断念したならば、それは、美的に見て本当に良いことだろう。その飾りのなさは気持ちが良い[1]」。

（1）L・サリヴァン『幼稚園談義』（ニューヨーク、一九四七年版、一八七頁）。

ドイツでは、大きな注文は進歩的な建築家のほうへと移っていた。ベルリンのAEG社は、革新的な経営をするために、一九〇七年にP・ベーレンスを芸術顧問に任命し、一九〇八年から一九一一年の間に、何棟かの大きな工場の設計を依頼した。最もよく知られているのは《タービン工場》（一九〇八〜一九〇九年）である。

ペーター・ベーレンス（一八六八〜一九四〇年）は、カールスルーエとデュッセルドルフで画家になる教育を受けた後に、ダルムシュタットで芸術の統一を目指す運動に加わった。一八九三年にはミュンヘンの分離派に参加した。一八九八年以後の彼は、工業デザインのパイオニアであり、一九〇七年までデュッセルドルフの美術学校の校長を務めた。建築やその他の製品の形態に関する彼の仕事は、きわめて簡潔さを重視している。彼は自らの事務所にW・グロピウス（一九〇七〜一九一〇年）、L・ミース・ファン・デル・ローエ（一九〇八〜一九一一年）、C・E・ジャンヌレ（後のル・コルビュジエ、一九一〇〜一九一一年）らを迎えている。

一九〇七年に、職人、芸術家、実業家の集団である〈ドイツ工作連盟〉が設立された。彼らは製品の良質さを求める新しい目的のために、そして、芸術と工業との関係において提起される諸問題に対するドイツの先進性を示すために、結集した。急速に模範的な成果が現われた。たとえば、アルフェルトにおける《ファグス工場》（一九一一年、W・グロピウス、A・マイヤー）のように、単純な立体が内部の構造と煉瓦とガラスによる外被との新しい関係を表現している。それは新しい類型であり、新しい形態である。その機械的な精度の高さは、同時代の工業生産の価値や経済的な厳しさと一致している。一九一四年のケルンにおける工作連盟の展覧会では、《モデル工場》（W・グロピウス）がデモンストレーション用の建物の先鞭をつけたが、それは、現代建築の宣言書となりうるものであった。この建物はドイツの文化的先進性を示すものであったが、この国では工業学校で教育を受けた若い建築家たちが、しばしば折衷主義の伝統からの分離を見せていた。

他の建築家たちも、この工業のための建築に没頭していた。フランスではトニー・ガルニエ（一八六七〜一九四八年、ローマ賞受賞者）が《工業都市》（一九〇四設計、一九一七発表）の習作をデザインしていた。それは、建築家の伝統的職務からの完全な思想的断絶を表明するものであった。この計画のなかの幾つかは、後に建築家たちが進んで工場や大集合住宅の設計に向かっていくことを確言している。イタリアでは、A・サンテリアが《新しい都市》（一九一三〜一九一四年）の計画のなかで、いっそう予言者的な方法で都市の強烈なイメージを増幅させているが、そこでは透視図が機械時代の工場や輸送のシステムを讃美している。

Ⅲ　モダン・スタイルの課題

新しい建築は、あらゆる点において、過去と伝統的な価値基準を放棄することを主張していながら、しかし、モダンで国際的で新しいスタイルを明確に打ち出しているというわけではなかった。形式と形態に関して明確な立場の表明をするには、二つの道があった。一つは土着の建築のなかで確認された源泉に戻ること、もう一つはアール・ヌーヴォーと接触のあるサークルの装飾美術との関係である。

1　一つのモデル、土着の建築

アール・ヌーヴォーが、そのなかに束の間の流行要素を見て取ったすべての人びとに留保的な気持ちを引き起こさせるのに対して、土着のスタイルは人を落ち着かせる真実味や、テーヌ（イポリト・アドルフ、一八二八～一八九三年、批評家、哲学者、歴史家、実証主義）の読者たちを魅了するような環境とともに、地域の建築の形態の持つ整合性がある。土着の建築の画趣に富む可能性を応用した後に、地域の建築を参考にしようとする態度はさらに進み、形式的な過去から離れるための一つの手段となり、そしてプランや形態の合理的な追求を支えるものとなった。ヴィオレ・ル・デュックとその追随者たちの合理主義や、A・ド・フォヴィルの『家の典型』のような体系的な調査によってもたらされた発見の結果、土着の建築は、使い勝手と構造上の制約とを矛盾なくまとめた計画を創り出す道を示したように思われる。一九〇六年から雑誌『ラ・ヴィ・ア・ラ・カンパーニュ』（田舎の生活）のなかで、建築家や評論家たちは、同様の論理で、〃モダンな家〃のなかに、使い勝手への平面計画の適応、景観への形態の適応を見出したのである。「なぜ、既存のものと調和するシルエットを考えないのか。一言でいえば、なぜ失われた伝統を回復させることによってブルターニュではブルターニュの土着の家に倣った家を、プロヴァンスでは伝統的な涼しい農家風の別荘を、ノルマンディーでは木造の家を考案しないのだろうか」（『ラ・ヴィ・ア・ラ・カンパーニュ』、一九一一年）

一九一七年の年末に、荒廃した地方の再興を意図したモデルを定義するための建築計画コンクールが、ボザールの役人によって組織されて、公的な見解を定める方向で進められた。結果は、地域の様式を尊重して、農民の家を近代化することであった。[1]

（1） J・Cl・ヴィガト『荒廃した地域の再建――フランスの地域的な建築　一九八〇～一九五〇年』（パリ、エディション・ノルマ、七五～一三七頁）。

2　アール・ヌーヴォーと建築

一八九〇年代の初めは、それまでの芸術家たちが〈アーツ・アンド・クラフツ運動〉の影響下にあった約一五年間の終末に当たる。この運動は「万人のための芸術」という文化全般の目的とともに、印刷物や日常品の芸術、すなわち装飾芸術の追及を全面的に進めたものであり、それらを純粋芸術である絵画と同等の地位に高めて、総合芸術に到達しようとしたものである。英国では〈モダン・スタイル〉、ドイツでは〈ユーゲント・シュティル〉、フランスでは〈アール・ヌーヴォー〉が、複雑なプロセスを経て住宅建築の改革に取り組もうとするあらゆる試みの推進者であり、そこでは使い勝手と構造に対する配慮が合理主義的傾向を強め、他方において形態の創造面では、古典的歴史主義のモデルからの脱却が図られた。エリート建築家の支配する中央から離れて（ウィーンを例外として）地域の主導性によって組織されたこの運動は、造形芸術におけるアヴァンギャルドのサークルに近いものである。それはまた、時期的には使用可能な材料（金属、陶磁）が新しい実験を可能にしていた時であるが、ヴィオレ・ル・デュックの建築と構造に関する急進的な主張に同調する若手建築家たちの新しい技術文化とも一致する動きであった。結局、折衷主義の複雑な形態の衰弱が、幾つかの大都会の中心で、この文化的な動向を有利に導いたのである。すなわち、中産階級の〝新しさ〟への好みが、とりわけ家庭内の芸術の領域に適合したのである。アール・ヌーヴォーは、ことに家庭の芸術であり、したがって、それは工業的な応用芸術の市場と緊密な関係を持ったのである。

Ⓐ オーストリア――首都ウィーンの改修は一八六〇年に始まった。それは、昔の城壁を取り除いてリンク・シュトラーセ（環状道路）に変える決定がなされたことによるもので、沿道には、近代の大都会のあらゆる記念建造物や施設が、折衷主義の衣を着せられて並んでいる。この仰々しい様式についての多くの批判が、新しいスタイルの緊急な必要性に関する議論を起こした。この議論は、ウィーン分離派

に結集した芸術家たちの標語――「各時代にはその時代の芸術を、芸術には自由を」――を具体化するものであった。高尚な伝統的建築に対抗し、しかも、社会的エリートが要求する豪華さと優雅さとも無縁ではないことを特徴とするこの建築のモダニズムは、洗練された生活の芸術の都であるウィーンで、新しい美学と混じり合うことになった。その代表者は、オットー・ヴァグナー、ヨーゼフ・マリア・オルブリッヒ、ヨーゼフ・ホフマンらであった。オットー・ヴァグナー（一八四一～一九一五年）は、この移行を、古典的な構成の伝統によって確実なものにした。一八九〇年にウィーンの主軸となる計画の指揮者に任命された彼は、一八九五年に、『近代建築』のなかで、新材料から導き出された単純な形態で、実用的な新様式の合理主義的原則を表明した。この様式の特徴は、その作品がつねに進歩的なスタイルをしていることであり、それはウィーンの公共建築の進展がよく示している。地下鉄の《カールスプラッツ駅舎》（一八八八～一八八九年）は鉄骨でありながら、豊かな装飾で飾られている。それに反して、郵便貯金局（一九〇四～一九〇六年）は、鋼鉄とガラスの純粋形態で建てられており、無装飾であることが特徴になっている。一八九七年にウィーン・アカデミーの教授になったヴァグナーは、その教育によって絶大な影響力を持った。

ヨーゼフ・マリア・オルブリッヒ（一八六七～一九〇八年）は、一八九八年までヴァグナーの事務所で働いた。彼は、分離派の盟友たちのために展覧会場として独創的な建物を建てた（一八九七～一八九八年）。ダルムシュタットでは、マチルダの丘の芸術家村の建物（一八九九年）において、〝総合芸術〟の理想的な目標のために新しい建築表現をした。

ヴァグナーの弟子であるヨーゼフ・ホフマン（一八七〇〜一九五〇年）は、一八九九年にウィーンの応用美術学校の教授に任命された。彼は、合理主義的な新しい形態と、自らの分離派の友人たちの洗練された美との総合を行なった。彼は、これらの友人たちをまとめて、独特の商業的な会社組織である〈ウィーン工房〉を一九〇三年に設立した。それは、あらゆる面での注文を受けることができるものであった。彼の主たる作品は、ベルギーの実業家であるストックレー男爵のためにブリュッセルに建てた館（一九〇五〜一九〇九年）で、そこでホフマンは、クリムトとともに、晩期のアール・ヌーヴォーの幾何学形態と色彩によって素晴らしい表現を行なった。これは、豊かなブルジョワ階級のための、最後の洗練されたスタイルの表現である。

Ⓑ ベルギー――この国の社会的文化的状況もまた、恵まれていた。職人の伝統は工業化に直面し、金持ちの有産者層は、自らにふさわしい文化を求め、重苦しくモニュメンタルな公的建築については大いに批判的であった。一八六三年に創設された新しい美術学校である〈サン・リュク〉（ブリュッセル、ルーヴァン）は、反徳育的、カトリック的、ネオ・ゴシック的発想の中心地であった。ブリュッセルでは、一八八一年から一八八九年まで市長であったシャルル・ビュルが、王室のモニュメンタルな建築計画に反対していた。他方、若手の建築家P・アンカー（一八五九〜一九〇一年）、ヴィクトール・オルタ（一八六一〜一九四七年）、ヴァン・ド・ヴェルド（一八六三〜一九五七年）らが、近代的住宅建築において大きな成功を収めていた。

一八九三年建設のアンカーの私邸は、弓形の張り出し窓を持ち、多色の実験がなされている。オルタの建築は、幾つかの改革の段階を示している。開放的で合理的な平面、混合方式（鉄骨と組積）の軀体工事における非常なまでの注意深さ、自然をモデルにした鉄や家具の部品の柔軟な形態のまとめ方のすぐれた技巧が、そこに見られる。この住宅建築へのアール・ヌーヴォーの導入を明示する新しいスタイルが、技師タッセル（一八九二〜一八九三年）のためにほどなく建てられた邸宅の成功をもたらしたのである。《ソルヴェイ邸》（一八九五〜一九〇〇年）は、この新しいスタイルが豪華さの新しい典型を定着させることができることを示している。しかし、オルタは、自らの研究を住宅建築のみに限ることはなかった。というのは、彼は鉄とガラスで《人民会館》（一八九六〜一八九九。一九六九に解体）を、また店舗《ア・リノヴァシオン》（一九〇一年）を建てているからである。ベルギーの新印象主義絵画のリーダーであったヴァン・ド・ヴェルドは、独学で建築家とデザイナーになった最初の人物である。彼は、その造形的な創造力を家庭の芸術、家具、建築に移行させたのである。一八九五年以後、彼の主張を述べた著書『芸術の総合を目指した洞察』や、柔軟で簡素なスタイルの家具の作品は、彼を国際的に一流の地位へと押し上げることになり、ことにドイツで高く評価され、一九〇一年から、彼はヴァイマールの応用美術学校の校長を務めた。

©　イングランドとスコットランド――イングランドがアーツ・アンド・クラフツ運動の源泉であったにしても、そして、一九〇〇年頃に建築家M・H・B・スコットのドイツでの活動があったにしても、国際的なアール・ヌーヴォーの動きのなかにおいて、イングランドの立場は地味であった。アール・ヌーヴォーの一つの中心であることが明確になったのはスコットランドであり、工業化の影響を受けたグラスゴーの町であった。一八八五年から、美術学校の校長フランシス・ニューベリーとチャールズ・レニー・マッキントッシュ（一八六八〜一九二六年）が、運動の推進者であった。マッキントッシュは、若い芸術家のグループ〈ザ・フォア〉の中心人物であり、彼はウィーンの動きと密接に関係を保ちながら、装飾芸術の領域への新しい理想の拡大を果たしたのである。巧緻な織りの布地、黒い木製の家具、明るい色のラッカーを塗った装飾の喫茶店などが、その作例である。

建築作品は、その史料によって増幅して語られているが、数戸の個人住宅と《グラスゴー美術学校》（一八九七〜一八九九年）、およびその拡張工事（一九〇九年）に限られる。C・R・マッキントッシュは、ネオ・ロマンティシズムの美学の実現、洗練された線と田舎風の形態の「官能性とピューリタニズムの」（N・ペヴスナー）奇妙な混合を行なっている。死後の評価の異例な確立例としては、一九〇一年にドイツで行なわれたコンクールに出品した《芸術愛好家の家》の設計案が、一九九三年に、グラスゴーの公園内に建てられた。

Ⓓ フランス——装飾芸術で特徴づけられている都市、そしておそらくは国境に近い都市という新しい地位に刺激されて、ナンシーではアール・ヌーヴォーが建築に大きな影響を与えた。それには、産業芸術の地方における連合体である〈ナンシー派〉に結集した装飾芸術家たちの活力が有利に働いた。ガ

ラス工芸家のエミール・ガレやヴィクトール・プルーヴェとともに、高級家具職人のルイ・マジョレルやウージェーヌ・ヴァランらが、建築家たちを導き、彼ら自身は自然主義的な形態の家具を設計して、そのスタイルを組積造りを特徴とする建築家たちの作品と結合させた。H・ソヴァージュの《マジョレル邸》(一八九八～一九〇〇年)や、E・アンドレの《ユオ邸》(一九〇二～一九〇三年)では、〝中世風〟の建築形態と合理主義的な空間の配置とが、新しい曲線の装飾と結合されているが、しかしそれは、〝巧妙な取り合わせ〟の水準を超えるものではなかった。さらに独創的な展開を見せたのは、エクトール・ギマール(一八六七～一九四二年)のパリでの仕事である。彼は、一八九五年のブリュッセルへの旅の後に、平面計画、構造、形態において、独創的な建築を実現させた。《カステル・アンリエット》(セーヴル、一八九九年、解体)、《カステル・ベランジェ》(パリ、一八九八年)。動勢に満ちたこの建築は、才気煥発の複雑な構成を見せている。創造的で完璧な組積造における多色の材料の有機的な結合は、規則的な形態を拒否した、鍛鉄、鋳鉄、鉄板の、変化のある使用によって実現されている。かなりの数の個人住宅の注文で好評を得た〈ギマール様式〉は、地下鉄入り口の、鋳鉄部品で構成された突飛な形態として残っている。

❺ スペイン――タラゴナの職人の家に生まれたアントニオ・ガウディ(一八五二～一九二六年)は、生涯を通じて、建築現場の職人仕事との恵まれた関係を保った。彼の初期の作品の一つである《カサ・ビセンス》(一八七八～一八八五年)では、煉瓦造のすばらしい美的表現がなされている。

ネオ・ゴシック様式の計画で進められていた《サグラダ・ファミリア教会》の建設を、一八八四年からガウディが引き継いだ。彼は、各塔を高く聳え立たせ（一九二六年、塔のみ完成）、一種の究極的なゴシック様式のなかに、聖書の物語を彫ったり、組み立てたりした大量の諸像をはめ込んだ。一九〇〇年以後、文化的な論争の流れのなかで、バルセロナの建築家たちは、マドリッドのアカデミズムに対立していて、現実の生きた世界から生まれた個性的な形態（フランスのヴィオ・デザインと同じもの）が、彼らの主たる作品を特徴づけている。《カサ・ヴァトリョ》（一九〇五～一九〇七年）、《カサ・ミラ》（一九〇五～一九一〇年）、そして《グエル公園内の建築物》（一九〇〇～一九一四年）に、それが見られる。大型の賃貸住宅である《カサ・ミラ》では、石造のファサードの波打つ形態と、各室や中庭の平面計画が、緊密に一体化している。そこでは、直交する部分がすべて排除されている。この個性的な建築は、中世のロマンティックな伝統のなかに組み入れられるものであり、いまの時代のなかで孤立しているように見えるかもしれない。しかし、それは他にも平行する動きを持っていたのである。ヴィオレ・ル・デュック（一八一四～一八七九年）やモリスの運動がそれで、彼らは、ルネサンス以前の伝統の上に、当時の現代建築の基礎を置こうとしていたのである。

応用美術や装飾デザインにしばしば依存するアール・ヌーヴォー建築は、職人的な方式と密接な関係を持つことや、「芸術のための芸術」的な表現があまりにも露骨な〈ギマール様式〉に限界を感じるようになっていた。それは、社会一般の要求の水準の変化にみずからを合わせることができないのであった。アール・ヌーヴォー建築は、芸術的な一挿話に終わって、長期のヴィジョンを提案することはできなかった。

3　二人の建築の改革者

アドルフ・ロースとフランク・ロイド・ライトは、反対に、二人とも現行の慣習に対して徹底して批判的な文化を共有しており、二十世紀建築の第一歩となるものを築いた人物である。

ブルノに生まれたアドルフ・ロース（一八七〇～一九三三年）は、英国と米国（一八九三～一八九六年）に滞在した後に、ウィーンにて、建築家と理論家としての活動を開始した（一八九八年）。彼は、折衷主義、装飾、応用美術、フランスや英国の文化を受け継いだ慣習に反対して、立ち上がった。彼は、住宅のための技術的な設備（〝アメリカ式〟家屋の快適設備）を、当時の建築家の緊急の仕事のなかに組み入れた、ヨーロッパにおける最初の建築家の一人である。職人の本物の技術文化を身につけていたロースは、「高貴な材料と良い仕事は装飾に勝る」と宣言している（『装飾と罪』一九〇八年）。

ロースは、建築においては室内空間と、それの直接的な知覚のされ方を重視した。「ラウムプラン」（空間計画）において、住宅のなかの各空間ごとの固有の質を強調することにより（さまざまに異なった天井高を容認して）、彼はすでに、ル・コルビュジエの〝建築の散歩道〟を先取りしているのである。この知的で感受性の鋭いアプローチは、彼を、アカデミックで過剰な設計に背を向けさせ、また、使用価値や文化の現代的な定義のなかに、快適さのための新しい技術を組み入れることを擁護するため、アール・ヌーヴォーの評価に関する論争へと向かわせたのである。当時のウィーンの状況のなかで、彼の建築作品は、声明文を書くことに等しかった。それは、豪華さと単純さの新しい関係を提示すること（ミヒャエル広場のビルと店舗、一九一〇年）であり、開口部の純粋性の美的価値を示すこと（シュタイナー邸、一九一〇年）であった。

フランク・ロイド・ライト（一八六七〜一九五九年）は、シカゴでルイス・サリヴァンの事務所に入った時に、すでにヴィオレ・ル・デュックを読んでいた。パリのボザール（美術学校）での学習の継続を拒否した後に、彼は、一八九三年に自分の事務所を開設し、イリノイ州のオーク・パークに邸宅を構えた。その設計の実用的な良質さとヨーロッパの歴史的形式主義から解き放された美学は、この建築家の名声を急速に確立させた。彼は、米国の中産階級の生活様式との関連で、住宅建築の類型学のなかに大きな一頁を加えた。彼は、平面計画を一変させたのである。「私は一階全部をワン・ルームにすると宣言した。実験室のような厨房は隔離して、家の使用人の居室を厨房の近くに配した。続いて私は、広間の各所を食事、読書、客の応接などの各用途に割り当てた。この種の設計はこの時代にはまったく存在しなかった。広い室内が普及しはじめていた。その頃から乱雑な室内には決着がついた」[1]。

(1) F・L・ライト『自伝』（一九三二年、Cl・マシューによる引用）、『フランク・ロイド・ライト』（パリ、CNDP、一九九〇年、八〇頁）。

西洋以外の発想源に目を向けた彼は、日本建築（一九〇五年の旅行の後、一九一五年から一九二二年まで、彼は日本に滞在した）やコロンブス以前のアメリカの建築を研究した。ライトは、アメリカの反都会主義の伝統を情熱的に支持した。建物を自然との調和的関係のなかに組み込むことは、美的であるのみならず、思想的な企てでもあった。ライトにとっては「自然との接触は道徳的な再生を可能にするもの」(Cl・マシュー)であった。一九〇八年からの『アーキテクチュラル・レコード』誌への論文の発表以来、ベルリンの出版社ヴァスムートとの関係ができて、彼の『作品集』(一九一〇年と一九一一年)が出版され、オランダの建築家たち(ベルラーへ、ついでヴァントホフ)によって高く評価されたことで、現代ヨーロッパの建築文化のなかに彼の地歩が築かれたのである。

第三章　インターナショナルな近代性（一九一八～一九四〇年）

十九世紀末以来、すべての文化的な運動が、先進的な各中心地の間での急速な混交を見せた。第一次大戦ののち、争いに対する平和を求める反動に刺激されて、思想の交流はいっそう深まり、経験の同質性の認識と、さまざまな革新性が避けられないものとなった。一九二三年以降において、アドルフ・ベーネとヴァルター・グロピウスは、国際的でモダンな建築の存在を表明した最初の人物である。それは地域的、あるいは国家的な体制にも、学校や流派にも左右されない建築である。この統一的な考え方は、地方的な解決法や既定の立場に対立するものであった。それは、注文の格づけの廃止という同一の目的を前提とするもので、社会生活の施設、大衆の住宅、量産の家、経済活動の装置としての建物などが同一のレベルに置かれた。また、それは建築家たちを、文化的領域における交流の多方面にわたる発展に参加させるもので、後発の人たちとの間の新たな団結を呼びかけるものであった。そこから、一九二八年のラ・サラにおける第一回現代建築家国際大会（CIAM）が生まれた。

このような状況のなかで、個性的なアプローチは、それが存続していたにもかかわらず、もはや簡単に頭角を現わすことは難しくなった。一九一九年の革命的な状況が、芸術による建築という表現主義的提案に有利に働いていたドイツですらも（H・フィンステリン、H・ペルツィッヒらの計画）、結局、わずかの作例が残っただけである（ポツダムのアインシュタイン塔、一九一七〜一九二一年、E・メンデルゾーン）。社会的な需要の現実と、建築家との実務的な関係をまずは扱うことにしよう。フランスでは、豪華な建築の注文の減少と、公的な発注の凍結などのために、影響力を立証するための新しい戦略が必要になった。

I 基礎造りの歩み

1 教義の諸要素

この時期の初期から、モダン運動の建築の二極性の出現が見られた。一方は社会的機能、すなわち、空間を建築する実際的な方向、厳しい経済を問題にするものであり、他方は美的なアプローチである。それは、視覚芸術の動向と関連を保ちながら、形態と技術との新しい整合性を求めるものである。一方は実用性、すなわち機能主義であり、他方は美しい形、すなわち国際様式である。多くの建築家は現実的な考え方によって二つの方向を併用したが、かなりの数の建築家が、どちらか一方の立場をとった。唯物論者でマルクス主義者のハンネス・マイヤーは、建築を、社会生活に応用された科学であると理解していた。空間と構造の形態的な調整に熱心なミース・ファン・デル・ローエ（極限までの単純化を実践した彼の言葉、「レス・イズ・モア」（はよく知られている）は、建築を芸術の伝統のなかに位置づけた。以下は、この時代の最も重要な文章を年代順に引用したものである。

「われわれは、あらゆる美的な思惑、あらゆる教義と形式主義を拒否する。建築は空間によって表現された時代の意志である。それは生き物であり、変化し、新しいものである」。「未来でもなく、過去でもなく、現在のみが、一つの形態を創り出すことができる。現在のみが建築を創造する。それは、この時代の手段を用いて、この仕事にとって本質的なものから形を生み出す」（ミース・ファン・デル・ローエ、『G』一号、一九二三年）。

「新しい建築の守るべき項目。ピロティ。屋上庭園。自由な平面。横長の窓。自由なファサード。この五項目は、基本的な美的反応を呼び起こす。昔の建築や学校の本だけの教育に残っているものは何もない」（ル・コルビュジエ、『現代建築年鑑』、パリ、一九二六年）。

「新しい家はプレハブ構造である。それは乾式で組み立てられたもので、工業生産品であり、経済学者、統計学者、衛生学者、気候学者、技師、工業規格の専門家、暖房専門家などの専門家集団の所産である。では、建築家は何をするのか。かつて彼は芸術家であったが、いまや全体を組織する専門家になったのである。建築をするということは、きわめて重要な工程を良心的に組織することである。したがって、技術的な視点から見た建築という行為は、その全過程の一部にすぎない。機能的な図表と経済的な計画が、建築計画の大筋を導き出さねばならない。建築は野心的な建築家の孤立した仕事ではない。それは労働者と立案者の共同作業である。建築家とは生活の仕方をいかに心得ているかを、作業グループのなかで認められた者ということでしかない。建築は、もはやある者たちの失業と住宅不足から生じる単発的な仕事ではなくて、社会の成員全体の問題なのである。建築は、ただひたすらに組織することであり、それは社会的、技術的、経済的、心理的な生活を組織することなのである」（H・マイヤー、「建築」、『バウハウス』誌、四号、一九二八年）。

「三つの時期（建築の復興の）は次のように要約できる。

a、単に情緒的、個人的、夢想的に孤立した現象と考えられた芸術の否定。

b、究極的には工業製品が芸術作品と考えられれば良いという、密かな願望を持った〝実用的〟創造。

c、周到に準備された、客観的かつ科学的な目的に基づいた濃密な芸術活動としての建築の、意識的で、自発的な創造。

このような建築は、生活全般の水準を高めるであろう」（エル・リシツキー、『世界の新建築』一巻、ウィーン、一九三〇年）。

「エンジニアと建築家の間には、つねに根本的な相違がある。エンジニアは経済的な領域の限度内での物質的な作業を完成させることのみを目標としている。彼の仕事がしばしば他の表現的な美点をもたらすということは、付随的な出来事なのである。反対に、建築家は、精神的な生命を持ち、完成された作品である一つの〝形〟、理想や高い文化と共鳴を起こすひとつの〝計画〟を創造する」(H・ヘリング、『室内装飾』年報三七号、シュトゥットガルト　一九三二年)。

2　建築と政治

革命に奉仕する技術思想と芸術の前衛。社会生活に強い影響を与える建築の領域では、それは非常に大きな賭けであり、そこでは〝新人類〟がその能力を開花させねばならなかった。

ソ連では、一九二〇年代を通して新しい世代の建築家たちが、過去の解決法を投げ棄て、建築と都市計画の未来像を求めていた。象徴的な建築《第三インター本部のための模型》(一九二一年、ウラジミール・タトリン)の発表の後に、機械主義を吹きこまれた計画が出現した。モスクワの《労働宮殿》の計画、《プラウダ本社》の計画(一九二三年、ヴェスニン兄弟)などが、それである。多くの場合、物質的基盤が後進的な国では、その歩みは類型的である。それは新しい「社会的コンデンサー」を創り出すこと、すなわち、「人間を改造するための機械として考えられた建物(中略)新しい社会の鋳型と反映」を創り出すことである(アナトール・コップ)。ひとつの物質文化、生活様式、教育の教養の練り上げという、より広い枠のなかでの「新しい社会主義文化の建築的な手段」(エル・リシツキー)の追求が、諸努力を方向づけた。それは《労働者宮殿》となるように定められた労働空間、《労働者クラブ》となる余暇空間、《共有の家》となる家族の生活空間について考えさせることになった。一九二三年から一九二九年の間に、構造の実利主義的な思考法が建築の構成主義を鼓吹したが、それは大部分の実現された計画（K・メーリニコフ、I・ゴロゾフ）や、設計案（I・レオニドフ）の原動力であった。そして、それは次の局面で、官僚主義とスターリニズムによって一掃されたのである。

大雑把に言えば、公共施設の建設が、政権の交代に従って行なわれるようなすべての体制においては、モダニティーというものは自由に使える道具であった。それは〃共和国〃が発注するものの文化的現代性を明示するため（ヴァイマール共和国、チェコスロヴァキア共和国）であっても、社会民主的政治における再配分の具体的な形に寄与するためであっても（オランダ、スウェーデン）、同じである。

II　新しい住宅建築

主要都市では住宅が不足していた。それは、存在しても流行遅れの装飾で満たされていて、快適設備は少なく、住宅建築は、一九一八年以後は欠乏、停滞、時代遅れの集積所であった。新しい使用価値（快適設備、衛生設備）を要求する圧力が、新しいタイプの建築のなかに最新の技術を導入することを刺激した。電気照明、給排水、新型の暖房、電話などである。この家庭の機械化との関係は、材料やスタイルの面での質や改良についての関心を、多かれ少なかれ、改良された設備の問題のほうに移動させた。「電気照明、セントラルヒーティング、電話、エレベーター、電気掃除機、リフト、鉄筋コンクリート、これらの要素がわれわれの住宅の建築の方法を一変させた。平面計画は変わり、新しい形態が創造された。賃貸住宅、公共建築、労働者住宅、富裕層の邸宅は、将来は工場と同じ考え方で設計されるであろう」[1]（ロベール・マレ・ステヴァンス、『自由学芸雑誌』、パリ、一九二九年）。

（1）I・B・ワイト『国民社会主義と近代主義、芸術と権力、独裁者の下のヨーロッパ』（ロンドン、ヘイワード・ギャラリー、一九二五年、二五八～二六九頁）。

Ⓐ 公営住宅の建築――ヨーロッパにおいては、 大部分の国々が、住宅の建設を促進し改良するために新しい解決法を探し求めていた。これらの努力の多くは、設計と建設の合理化を進めることによって、建築の革新を助けた。施主の見識がより高く、より柔軟思考の人であるほど、因襲にとらわれた考え方から離れて、刷新を進めることが容易であった。

① ドイツとオーストリア：敗戦はエリートたちの交替を助長し、インフレーションは社会の諸条件を一変させた。ヴァイマール共和国憲法は、既存の住宅の家賃に対する税金によって資金調達をして、居住の権利を守った。この有利な状況のなかで、住宅建設は、一九二八年には記録的な三一万戸に達した。新しい出資者として、労働者や社員の労働組合、および地方自治体の建設を司る部局が、住宅建設

の需要の中心となった。幾つかの大都市では、民主社会党が膨大な住宅計画を指導した。この計画は伝統的な住宅の類型を一変させ、現場で工業的手法の工法を採用する建築家たちによって設計された。こうして、ブルーノ・タウトはマグデブルクで、エルンスト・マイはフランクフルトで、マルティン・ヴァグナーはベルリンで活躍した。引き続いて、三階または四階建ての横長棒状の建物の方式が使われ、それは南向きで北まで貫通した間取り、しばしば個別の庭つきであることが条件であった。

フランクフルト・アム・マインでは、広大な土地を所有していた市当局から、E・マイが広範な権限を与えられて、一九二四年から一九二九年までの間に一万五〇〇〇戸を建てた。この〈新フランクフルト〉には共有の施設（学校、商店）があり、住宅の使い勝手の研究（機能的な厨房の開発）もされて、それはドイツの進歩的文化の合言葉であった〈新即物主義〉が標榜する合理化のショーウインドーとなった。ベルリンでの推進者はマルティン・ヴァグナーで、彼はブルーノ・タウトに二つのの大きな街区の開発を任せた。それは、ベルリン・ブリッツ（一九二五年から）とベルリン・ツェーレンドルフ（一九二六年から）である。一方、ヴァルター・グロピウスは、住宅をデッサウ（一九二六年）、カールス・ルーエ（一九二八年）に建て、ベルリン・ジーメンスシュタットではO・バートニング、F・フォルバット、H・ヘリング、ヘニング、H・シャロウンらと共同で建てた（一九三〇年）。

シュトゥットガルトでは、一九二七年に工作連盟が、時代を証言する展示用の街区《ヴァイセンホフ・ジードルング》を企画し、ミース・ファン・デル・ローエが全体計画を受け持った。そこには、さまざまなヨーロッパの建築家が招待されて、それぞれの住宅のモデルを設計した。ドイツの建築家

（ミース・ファン・デル・ローエ、P・ベーレンス、W・グロピウス、L・ヒルベルザイマー、H・ペルツィッヒ、A・ラディング、H・シャロウン、A・シュネック、B・タウト、M・タウト）らと並んで、オランダの建築家たち（J・J・P・アウト、M・スタム）、一人のベルギー人建築家（V・ブルジョワ）、そして、一人のフランス人建築家ル・コルビュジエの名を見出すことができる。《ヴァイセンホフ》は、まず何よりも、ヨーロッパにおける住宅類型の研究の広がりを示す強力なデモンストレーションであった。そこには帯状住宅（アウト）、棒状住宅（ミース）、都市の居室（ベーレンス）、構造の原型（グロピウス）、家庭の空間の新しい使用価値（ル・コルビュジエ）、あるいは造形美（シャロウン）などが並んだからである。しかし、また一歩退いて見ると、これらの建築家たちのそれぞれの探究が一点へ収斂していることを、彼らを動かした深遠で完璧な思想の統一性を、はっきりと感じ取ることができる。そしてその表われは、近代建築の新しい姿の集団的開発である。

オーストリアでもまた、国家が、社会住宅の建設を税制で優遇した。それは、都市の住宅団地として再編成されたものであり、オットー・ヴァグナーを源とする都会的な仰々しさを特徴とする形にまとまっている。そこでは、共用の施設が住宅の狭苦しさの埋め合わせをしている。ウィーンでの民主社会主義の自治体の努力の成果として最も有名なものは《カール・マルクス・ホーフ》（一六〇〇所帯、K・エーン）であるが、これについてチェコのマルクス主義者たちは、その伝統的象徴的形態を批判した。「労働者の共同住宅というよりはトンネルのような戸口の付いた中世の防塞」（カレル・テイジュ、一九三二年）。

② オランダでは、一九〇一年の住宅に関する法律の制定以来、地方自治体は三階建ての住宅地開発

の計画をしてきた。それは長い間、共同住宅の設計、ディテール、建築計画の手本とされてきた。共同住宅の傑出したものの一つにミシェル・デ・クレルク（一八八四〜一九二三年）の設計で、ダイヤモンド加工労働者の組合ダヘラートのために、一九一九年から一九二一年にかけて建てられたものがある。それは、煉瓦による構成的な細部によって豊かな表情を持った建築である。ロッテルダムでは、ライトの建築の形態の影響が目立つ別の流れがあり、アウトとファン・エーシュトレンが、合理主義的な住宅を建てた（キーホーク共同住宅、一九二五〜一九二七年）。ベルクポルダーの共同住宅は、共同住宅の合理化へのオランダの貢献を示すものである（ファン・ティエン、ファン・デル・フルフト、ブリンクマン）。

③　フランスでは一九一四年に決定された家賃支払い猶予令によって状況が不利になっていて、大衆のための住宅の分野での活動は、一九二〇年代の終わりまで停滞していた。パリでの住宅公社の建築は、一九一四年以前に開発された方式を受け継いだだけのものであった。

ル・コルビュジエによる革命的で豊穣な仮説であった《多層式住宅》（一九二二年）の続編となった一九二五年の《ヴォアザン計画》の表明に続く、ボルドー近郊ペサックでの実験は、束の間のはかないものであった（モダン地区のための量産住宅の開発業者の注文、一九二五〜一九二七年）。新しい路線に沿った住宅の発注をしたのは、地方自治体の市長たちであった。シュレヌの市長でセーヌ県の低家賃住宅公社の責任者であったアンリ・セリエは、社会住宅の建設を新しい類型に結びつけ（シャトネー・マラブリーのビュット・ルージュ団地、一九三〇年）、さらにそれに工業的なプロセスを組み合わせた。ドランシーのミュエット団地は、鉄骨構造、振動打ちコンクリート、金属の建具工事で建てられた（ボードゥアン・エ・ロッド）。

集合住宅《摩天楼》　ヴィルユルバンヌ（ローヌ）
1931〜1934　モリス・ルルー設計

ここで初めて、塔状建物や横長棒状建物が、社会住宅の類型を変えた。ヴィルユルバンヌでは、市当局が、新しい〈高層建築〉の街区の階段状のビル（鉄骨）を発注した（一九三一〜一九三四年、モリス・ルルー）。この社会住宅の建設では、設備の飛躍的な改良が見られる（地域暖房、エレベーター、住居への給湯）。

④ ソ連：ソヴィエトの若い建築家たちは、革命に続く時代の政治的な優先事項ではない住宅問題についての研究には、あまり力を入れなかった。しかし、彼らの共同住宅の研究は、生活様式を検討し、社会生活、共同生活に重点を置く総合的なシステムを想定するものであった。具体的には、《ナルコムフィン集合住宅》（一九二八〜一九二九年、ギンズブルク）に見られるように、新しい二層の住戸の内側通路が中間階にあるという配置で、それは『輝く都市』（ル・コルビュジエ、一九三五年）の研究の出発点になった。

Ⓑ 現代的家庭空間の創造——十九世紀末がそうであったように、最も大きな改革が集中したのは、都市周辺に建てられた個人住宅の計画であったが、それは、時には社会的要求の主流からはかけ離れたものであった。なぜならば、あまり知られていない設計者が注文を受けて、最も自由に作業を始めることができるのは、この分野においてであったからである。出版物の助けもあって、〈モダン住宅〉のイメージは、一九二〇年から一九四〇年までの間に定着し、普及した。一連の提案は、時には〈アヴァンギャルド建築〉の宣言に匹敵する価値を持っていた。したがって、問題点はまさに文化的な領域のなかにあり、家庭の空間の形態と慣行に結びついた伝統的価値の変革なのであった。この計画を自己に課しながら、一世代の建築家たちすべてが最重要の専門的な実践に入ったのである。

① 独立郊外住宅とその類型：独立郊外住宅は、まず何よりも、型にはまったシルエットを拒否する。すなわち、陸屋根は屋根組みの仰々しさを排し、立面は、もはや格式を表わす要素ではない（主たるファサードはもはやない）。新しい開口部には柱間がない。開放的で自由な平面は、歩行、流動性、そして新しい空間の美的経験を刺激し、そこでは透明性、光の効果が、新しい表現のシステムと関連を持ちながら増殖する。豪華さという基準は、この空間の質のほうに席を譲る。かつて豊富な凝った装飾に使われた高価な材料は排除されるのである。使用価値の高さ、空間の実用的な便利さ、照明の豊かさなどが計画の進行の基本路線であるとするならば、歴史に頼ることをやめて、実用的空間の新しい美を構築しようとする意志もまた、同様に重要である。それゆえに、視覚芸術におけるキュビズムの過去との断絶と同じことが、建築においても起きることを期待する世界中のすべての領域の人びとの主張に対する熱烈な支持があるのである。

② 独立住宅、現代建築家の宣言：ユトレヒトにある《シュレーダー邸》（一九二五年、リートフェルト）は、昼夜二重の表情を持っている。その形態は垂直の壁と、床、庇、その他の水平面によって決定されているが、それらすべては、左官仕上げをしたり、塗装をした薄い平板として扱われている。そして、その直交している構成面は、原色で強調されている。それは、〈デ・ステール〉のグループ（ピート・モンドリアン、テオ・ヴァン・ドゥーシュブルフら）の絵画の新しい美学の、建築による表現である。内部では可動式の間仕切り（溝上を滑る壁）が部屋の平面とその使用の完全な自由度を示し、同時に、その階の空間の統

《シュレーダー邸》ユトレヒト（オランダ）
1924　G・T・リートフェルト設計

一性を保ったり（昼間の状態）、また別個の小室に分割したりすること（夜間の状態）を可能にしている。この建物は鉄筋コンクリートで建てる予定であったのが、鉄骨と煉瓦の組積造で質素に建てられた。

ヘリット・リートフェルト（一八八四～一九六四年）はユトレヒトに生まれた。家具師としての完全な修行をした後に、〈デ・ステール〉の画家たちと接触して、革新的な家具を製作した（一九一八～一九二三年）。建築家のシュレーダー＝シュレーダー邸は〈デ・ステール〉に学んだ後に建てたシュレーダー邸は〈デ・ステール〉の建築面における宣言となった。一九四五年以後、彼はオッテルロー美術館の一翼（一九五四年）と、アムステルダムのファン・ゴッホ美術館（一九六三～一九七二年）の建築家となった。

イエールに子爵シャルル・ノアイユのために建てられた邸宅（一九二四～一九三三年、ロベール・マレ・ステヴァンス）においては、面と線の配分が外形を決定し、その三段になった陸屋根のある形体と塗り壁は、鉄筋コンクリート構造の荒々しさを模倣している。内部は洗練されていて、サロンの新造形主義のガラス格子（バリエ作、現在は復元）の他に、テオ・ヴァン・ドゥーシュブルフ、シャロー、ゲブレキアンらの共同作品がある。この邸宅は、マルセル・レルビエの映画『つれない女』（一九二四年）のセットとともに、建築がレジェやマン・レイなどと並んで、パリのアヴァンギャルド芸術のなかに登場したことをしるすものとなった。

ロベール・マレ・ステヴァンス（一八八六〜一九四五年）は、建築専門学校で学んで、一九〇六年に、そこから資格の免状を取得した。彼は、ブリュッセルとの結びつきが強く、ヨーロッパのアール・ヌーヴォーの進展の状況をよく把握していた。ストックレー男爵邸は、彼の最初の設計に影響を与え、それを優雅な線を描くモダンなスタイルでデザインした（田舎の別荘の習作、一九一四年）。これらの作品は出版され（一九一二から）、ついでサロン・ドートンヌに展示された（一九一二年から）。インテリア・デザイナーとしても、彼はパリのクーチュリエや高級品店のエリートたちの仕事を請け負った。彼の《ラ・シテ・モデルヌ》（一九二二年）の優雅なデザインは、彼の映画セットでの活動（レイモン・ベルナール監督、ロゼット・ランベールの秘密、一九二一〜一九二二年）のように、都会の諸問題や現実の建設の世界からはかけ離れたものであった。一九二四年から、マレ・ステヴァンスは、当時の美術の動向のなかから生まれたモダンな構成と単純な形態の総合を提案することによって、インターナショナルではなかったけれども、二大戦間のパリにおける最も優雅なコスモポリタン的な表現者であった。この新しい展開は、彼がフェルナン・レジェと出会ったこと、および一九二三年にパリで開催された〈デ・ステール〉グループの新造形主義作品展（リートフェルトの諸作品）を見て、刺激を受けたことによるものである。この頃、彼は、現実社会に直接に関与する傾向の建築における、新しい建築美の実践的な表現をしている。《飛行クラブ館》の模型（サロン・ドートンヌ、一九二二年）。《観光パビリオン》（アール・デコ博覧会、一九二五年）。

ノアイユの邸宅を完成した後に、マレ・ステヴァンスは、パリの顧客たちのために仕事をした。《ジャック・ドゥーセ邸》（一九二四年、実現せず）、メジーにおける《ポール・ポワレ邸》（一九二四〜一九二七年）、《マレ・ステヴァンス街》の建設、アール・デコ博のための短命な建物《大使館パビリオン》の広間（一九二五年）、マルブフ街の《アルファ・ロメオのサービスステーション》（一九二五年、現存せず）。インテリア・デザインの領域では、マレ・ステヴァンスは、典型的な一九三〇年代の美学を完成させたリーダーであり、また、電気照明による表現においても先駆的な仕事をした。〈UAM・現代芸術家連盟展〉の広間（一九三〇年、技師アンドレ・サロモンと共同）。彼は、何人かの室内装飾家たち（ジョー・ブルジョワ、フランツ・ジュールダン、彫刻家のジョーとジャンのマルテル兄弟、ステンドグラス作家のバリエ）とともに、現代的で豪華なスタイルの標準になるような作例を示した。それは、たとえばマドレーヌ通りの《バリー》（一九二八年、現存せず）のような店舗によく適合した。一九三一年から一九三二年にかけて、クロワ（ノール県）に建てられた大邸宅《ヴィラ・カルヴォワ》は、明るい色の煉瓦が着せられて（デュドックのヒルヴェルシュム市役所に倣って）、この種の建物の到達点を示している。一九二九年には、マレ・ステヴァンスは、現代芸術家連盟（UAM）の創立に参加した。一九二四年に建築専門学校の教授になってい た彼は、一九三六年からは、リールの美術学校の建築科の教授になった。マレ・ステヴァンスは、大規模な公共建築は、わずかしか手がけていない（パリ、メニル街の消防署、一九三五年）。一九三七年の万国博覧会では、彼は《衛生館》（ルネ・クーロンと共同）と、《電力照明館》（ジョルジュ・アンリ・パンギュッソンと共同）を建てた。

パリでは《ラ・ロッシュ邸》（一九二五年、ル・コルビュジエとピエール・ジャンヌレ）が、鉄筋コンクリート構造、組積造の充塡、モルタル仕上げ、塗装によって可能となった新しい居住空間を際立たせている。この小さな建物の、内部空間の高さと奥行きにおける大きさと連続性（入り口ホール、階段、ゆるやかな斜路、内部のバルコニー）は、有効な空間の新しい配置を創り出すための、それらの可能性を生かすために役立てられている。それらは多様な動線につながり、その空間上にさまざまな光景を創り出している。そこから「建築の散歩道」という概念が生まれる。空間を感じ取る知覚を刺激するこの構築された組体についてのル・コルビュジエの最初の表明である。《ラ・ロッシュ邸》と同じ建築家が、開放的な草地の上に三階建ての立体を置いた。《サヴォア邸》（ポワシー、一九二九〜一九三一年、ル・コルビュジエとP・ジャンヌレ）では、一階には、自動車によるアプローチを受け入れるための通路と関係諸設備が納まっている。二階と三階では複雑な平面が各活動に割り当てられて、それらは開放的で安全な屋上テラスでの休息と緊密な関係で結ばれている。この週末を過ごすための家の謎めいた外殻の裏では、その一様な幾何学形態が、いささかも機能性を失うことなく、住宅の伝統的な空間（居間、寝室、厨房）は上階と下階の間に挟まれて、配置されている。上部では三階に外気のなかでの寛ぎの機能が集められ、下部には機械化された実用的な面が見られる。ここには、近代的な居住空間に関する主張が明確に表現されている。階段や斜

《サヴォア邸》　ポワシー
1929〜1931　ル・コルビュジエ　P・ジャンヌレ設計

路による屋内の通行に要求される流動性、新しい形態の明快さ（陸屋根、ピロティー、水平の連続窓）などである。一九三〇年代の初めに写真や国際的な出版物によって広く知られた《サヴォア邸》は、家庭の新しい贅沢さの指標となった。それはL・フィジーニのミラノの自邸（一九三四〜一九三五年）に影響を与えている。

ル・コルビュジエ（本名はシャルル・エドゥアール・ジャンヌレ、一八八七〜一九六五年）は、スイスのジュラ州のショー・ド・フォンに生まれた。各種の教育（工芸家、装飾家、ついで建築家になるための）を受けた後に、彼は〈修行の旅〉（ドイツ、フランス、中央ヨーロッパ、イタリア、ギリシア）に出たが、旅は、幾人かの著名な建築家の下での研修で時々中断した（ベーレンス、トニー・ガルニエ、ペレ）。そして、建築家としての最初の経験をショー・ド・フォンでした（ファレ邸、一九〇六年、シュウォブ邸、一九〇六年）。一九一七年にパリで現代絵画を描き、技術者の仕事をし、事務所を設立した。画家アメデ・オザンファンとともに、彼は雑誌『レスプリ・ヌーヴォー』（新精神）を創刊（一九一九年）して、建築と都市計画に関する新しい提案と評論を発表した。

その論文は一九二三年に一冊にまとめられて、最初の著書『建築をめざして』となった。彼がパリで受けた最初の建築の注文は、芸術家や芸術愛好家からのもので、それらは、その明確な近代性と優雅さで注目を集めた（オザンファンのアトリエ、一九二三年、ラ・ロッシュ邸、一九二四年）。同時平行的に、彼は、大規模な問題提起に手をつけた。それは、住宅建築の工業化と現代都市の問題である。具体的には〈量産の家〉、〈多層式住宅〉のテーマによる習作、彼の母のための小規模住宅の建設（ヴヴェイ近くのコルソー）、そして都市計画の初歩的ではあるが、過激な提案《三〇〇万人の住民のための都市計画》（サロン・ドートンヌ、一九二二年）。一九二五年のアール・デコ展は、強烈な宣言をする好機会であった。それは、攻撃的な著作『こんにちの装飾芸術』の出版と、実業家たちの援助を得て建てられた《レスプリ・ヌーヴォー館》の出展であった。続く一九二六年から一九三三年は、大きな注文（ペサックの分譲地、開発業者フリュジェスの依頼）があり、多くの注文（パリおよび周辺のさまざまな邸宅や別荘、シュタイン邸、および傑作のサヴォア邸、一九二九〜一九三一年）があった時代である。そのうちの幾つかは、大規模な注文の性格を持っていた（パリ大学都市のスイス館、救世軍の貧民院、ジュネーヴのヴァンナー・ビル、一九三〇〜一九三一年）。しかし、ル・コルビュジエは、ジュネーヴの国際連盟宮のコンクールに自らが提出した設計案が拒否された後の論争以後は、厳密な意味での公的注文は獲得できなかった。しかし、彼の権威は高まり、一九二二年以来、彼の従兄弟のピエール・ジャンヌレが補佐してきた事務所は、数多くのフランスや外国の建築家を惹きつけて、その結果、彼の国際的な役割が明確になった。シュトゥットガルトのヴァイセンホフの建設（一九二七年）への参加、モスクワのセントロソユーズの注文（一九二九〜一九三〇年）、一九二八年にラ・サラで開催された第一回CIAM（近代建築国際会議）での活躍。この新しい国際的な規模の活躍のために、彼は、ヨーロッパ各地や海外へ足繁く出かけることになった。ラテンアメリカ、ソ連へは一九二九年から、モロッコ、アルジェリアへは一九三一年から、米国へは一九三五年に、そして一九三六年には再びブラジルへ行き、そこでは、彼の顧問としての活動が、現代の若い建築家たちの素晴らしい作業チームの成功を支えたのであった。しかし、一九三〇年代の彼の『全作品集』の出版が始まった頃を境として、設計の依頼が激減し、逆に、とくに理論面での活動が目立つようになった。〈住宅の設備〉の開発（シャルロット・ペリアンと共同、一九二八から）。都市計画の提案（バルセロナ、アントワープ、ジュネーヴ、ストックホルム、アルジェなど）。第四回CIAMへの参加（有名な『アテネ憲章』、一九四二年出版の出発点）。『輝く都市』の著述（一九三五年）。幾つかの小規模な建築の実現（ヴィラ・デ・マテス、ラ・セル・サン・クルーの週末別荘、一九三五年、および新時代館、パリ、一九三七年）。しかし、これらは、泡沫的な建築との新しい関わりや、土着の建築に照らしてかきたてられた危機感の表われである。

さらにパリでは、《ダルザス博士の家》（一九三一年、P・シャロー、ベイフート）が新しい傾向への変革の驚くべき作例となっていた。それは、洗練されて目を見張らせるような室内空間、ファサードの役割の廃棄、半透明のガラス壁と鉄骨で支えられた構造、開口部の伝統的な格づけ表現の欠如を見せている。

チェコスロヴァキアの《トゥーゲントハット邸》（ブルノ、一九二八〜一九三〇年、ミース・ファン・デル・ローエ）では、敷地の斜面を使って、アプローチ（車庫、床台地、玄関）や寝室より下の階がリヴィング・スペースに充てられている。天井を支えるクローム鍍金の細い柱によって作り出された統一感のある接客用の空間は、高価な木材のジグザグ模様によって抑揚がつけられていて、それは広大なガラス窓で庭に向かって開いている。

ミース・ファン・デル・ローエ（一八八六～一九六九年）は、建築職人の家に生まれた独学の人であり、一九〇八年から一九一一年にかけて、建築家ベーレンスの下で働いた。ミースは、彼から形態の堅固さ、デザインとディテールの感覚を学んだ。オランダに滞在（一九一二年）した後に、彼はドイツで鉄筋コンクリートの事務所建築（一九二二年）、《カール・リープクネヒトとローザ・ルクセンブルクの記念碑》（ベルリン、一九二六年）などの革命的な計画を進める、ベルリンのアヴァンギャルドのグループに加わった。彼は《ヴォルフ邸》（一九二五～一九二六年）などの住宅を建てたが、とくにシュトゥットガルトのヴァイセンホフで果たした役割が認められて、バルセロナ万国博覧会（一九二八～一九二九年）の《ドイツ館》の設計を任された。そこで彼は、すでにブルノで見せた、純化されたスタイルの公的な豪華版を作り上げた。一九三〇年から一九三三年までバウハウスで校長を務めた後に、彼は米国に移住した。

米国では、一九二五年からカリフォルニアに居を構えていたリチャード・ジョゼフ・ノイトラ（一八九二～一九七〇年）が建てた家が、実践面でも表徴的な面でも、二重の影響力を持っていた。《ロヴェル邸》（ロサンゼルス、一九二七～一九二九年）では、鉄骨構造が多重階、オーバーハング、テラス、連続窓を支え、明確なデザインが、支柱や壁の薄さを強調している。《フォン・スターンバーグ邸》（ロサンゼルス、一九三五～一九三六年）では、全体計画が、自動車の出入りの処理を中心にして考えられている。庇のついたカーポートは、独特の仲立ちをする空間になっている。

《カウフマン邸》　ベア・ラン　ペンシルヴァニア（米国）
1935〜1939　F・L・ライト設計

フランク・ロイド・ライトが建てた家のなかで最も有名なものは、ロマンティックな《落水荘》であり、これは、カウフマン博士のためにペンシルヴァニア州のベア・ランの近くに建てられたものである。この邸宅と周囲の自然環境の並外れた関係は、数多くの素晴らしい写真で広く知られている。いずれにせよ、この家において、ライトは、彼のそれまでの住居建築の経験を総合したのである。それは、鉄筋コンクリート構造が可能にしたキャンティレバーのテラス、庇、パーゴラから成っていて、そのなかに暖炉を中心にした見事な近代的空間が広がっている。二つの形態表現のスタイルが、二つの技術的なシステムの対比を強調している。一つは、耐力壁や暖炉に使われている、露出したルスティカ仕上げの石の組積、他は、左官仕上げや塗装をした、鉄筋コンクリートの量塊の厳格で明確な幾何学形である。並外れた形態の意味論的な強さとともに、テラスや鋪床の薄暗い下面は、写真的な映像の遠近法によって強調されて、人間対自然の格闘を思わせる劇的な建築の表現となっている。これは、ライトの独特の表現法であり、結局、その時代の建築界から孤立した「ライトの究極的なロマン派的な宣言」(K・フランプトン)となっている。しかし、別の面でライトは、一九三七年にマディソンの近くに建てられた《H・ジャコブス邸》で、彼の〈ユーソニアン住宅〉[1]の原型を示している。これは、安価なL字型プランの住宅で、後に大量の工業的な建築を生み出す基になった。

(1) ユーソニアはサムエル・バトラーが名づけた「理想のアメリカ」の意。ライトのユーソニアン住宅とはプレハブ工法などを取り入れ、比較的安価なアメリカ市民のための住居を目指した。一九七〇年に最初の作例《ジェイコブス邸》完成〔訳注〕。

③ 住宅の施設とデザイン：ほとんどの建築家は、自分たちの建築と一緒に、工業生産された家具の選択配置を考慮することによって、その設計作業を完了する。そこから新しい家具の類型が生まれる。それは、住宅の新しい空間に意味を与え、そのなかでの移動と寛ぎの環境をつくりだす。ドイツのミース・ファン・デル・ローエとブロイヤーの椅子は、金属の構造である。グロピウスは収納家具のセットを考案した。フィンランドではアルヴァー・アールトの椅子が一九三二年からアルテック社によって製造販売され、成型合板で作られている。ル・コルビュジエとシャルロット・ペリアンは、一九二八年から共同で住宅の装置を研究した。アイリーン・グレイもまた、この時代のデザイン界の重要な人物である。

シャルロット・ペリアンは、一九〇三年にパリで生まれた。彼女は一九二七年にサロン・ドートンヌに出品して成功をかちえたクローム鍍金の金属の家具によって、〈アール・デコ〉の美学に別れを告げた。一九二七年の十月に、彼女は、ル・コルビュジエとピエール・ジャンヌレの事務所に入り、そこで家具、設備を担当した。シャルロット・ペリアンとその同僚たちは、現代家具の問題を工業的に解決することを探求したフランスで最初の人物である。それはトーネット社によって原型が製作されたもので、クローム鍍金の鋼鉄、テーブル用のガラスの厚板、椅子用に作られた独特の懸架装置（バネと組み合わせた布、ゴムベルト）でできている。収納のためには、それまでの半分の高さまでしか使えない箱に代わって、使い勝手に対する明確な解決法が出された。シャルロット・ペリアンは、一九三一年以後は、過去の有用な形態のなかにある〈近代性〉を再認識する方向に向かった。

アイリーン・グレイ（一八七九〜一九七六年）は、アイルランド生まれで、一九一〇年以後は、パリでプロの室内装飾家として活躍した。一九二三年から、彼女は前衛的建築家のマレ・ステヴァンス、ピエール・シャロー、ジャン・バドヴィシたちや、ヤン・ヴィルスのようなオランダのデ・ステールの芸術家と密接な関係を保ちながら、数量を限定した量産方式の家具の研究に向かった。オランダでは雑誌『ヴェンディンゲン』が一九二四年に彼女の作品の特集号を組み、彼女をアヴァンギャルドの国際舞台に送り出した。彼女の足取りは変化して行き、家具のデザインは、構造を知的、技術的に処理したものとなった。一九二九年に、彼女は現代美術家連盟（UAM）の創立会員になった。この団体は、装飾芸術家協会から分裂して生まれたものである。一九二四年に《エンジニアの家》の計画案を作った後に、彼女は一九二八年から一九二九年にかけて《メゾンE一〇二七》を設計し、ロックブリュヌ（アルプ・マリティム県）に建てた。それは、間もなく『ラルシテクチュール・ヴィヴァント』誌に発表された。この家は夏季滞在用で、脚部を海水のなかに置き、太陽と海の喜びを享受しようとするもので、当時としては新しいものであった。この家において、ことにその空間の配置において、アイリーン・グレイの機能主義的表現への傾斜は明確に現われている。これについて、ジャン・バドヴィシは、家具の「キャンピング・スタイル」になぞらえている。このスタイルは、贅沢と形式尊重よりむしろ、シトロエンの《2CV》のような徹底したミニマリズムを予告するものである。一九三二年にマントン（アルプ・マリティム県）近くのカステラールに建てた二番目の家で、彼女は、外部と内部の連関を大いに強調し、アコーディオン式に折り畳める窓の建具を含めた幾つかの特許を登録している。

Ⅲ　社会生活の装置としての建築

幾つかの国々では、新しい建築表現を刺激したのは、住宅建設計画ではなかった。建築の革新に努力したのは、工業会社の社長たちであった。チェコスロヴァキアのトマス・バタやイタリアのオリヴェッティらである。他は行政当局であり、彼らは、かつてなかったような市民共通の要求に応えようとしたり、あるいは、国家的象徴となるような建築を建てようとしたのである。

《ファン・ネレ工場》　ロッテルダム（オランダ）
1926〜1930　J・A・ブリンクマン、L・C・ファン・デル・フルフト設計

1　商工業のための建築

Ⓐ 生産の場——組織として機械化を重視する工業生産の場に建てられる建造物は、しばしば建築の動向の最先端にあった。一九一四年以前のモダニティーの予言者たちの理想は、構成主義者たちの建築計画のなかに生き続けた（プラウダ本社ビル、モスクワ、一九二三年、A&V・ヴェスニン兄弟）。食品会社《ファン・ネレ工場》（ロッテルダム、一九二六〜一九三〇年、ブリンクマン、ファン・デル・フルフト）は、ガラス張り鉄筋コンクリートで建てられた驚くべき直立の建築物であり、そこでは、機械化された搬送システムによって工場の作業の見えない動線が形に表現されている。

　チェコスロヴァキアのズリンにある《バタ工場》は、一九二〇年から規格化された工場建築（六・一五メートル四方の基準格子）であり、この規格で工場も管理棟も居住棟も統一されている（F・L・ガフーラ、V・カルフィク、J・ボゼリネク）。

　フランスでは、工場建築は、鉄筋コンクリートの骨組みの反復的構造に限られており、したがって、〈究極のシェルター〉の讃美

（イソワールの工場、一九三六年、A・ペレ）や、実用的建築への様式的な外装（赤煉瓦の壁）が見られる（アリギ発電所、一九二九～一九三八年、イヴリー、G・H・パンギュッソン）。

イタリアの創造性は、別の分野を開拓した。トリノの《フィアット工場》は、鉄筋コンクリート構造であるが、その屋上には試走路があって（一九一五～一九二一年、マッテ、トゥルッコ）、それは機械の世界と建築との偉大な遭遇を表現している。一九三〇年代には、大実業家アドリアノ・オリヴェッティが、建築家との永続的な協力を進める道を拓いた。彼は一九三四年に建築家L・フィジーニとG・ポリーニにイヴレアの町の整備を依頼し、彼らにきわめて簡潔な、最初の工場建築の集合体の設計を注文した（一九三四～一九四〇年）。

ドイツでは、ナチス政権下の工場でも、まだモダン建築の厳格な形態が許容されていた（ハインケル工場、オラニエンブルク、H・リンペル）。

米国では、《ジョンソン工場》の管理センター（ラシーヌ、ウィスコンシン、一九三六～一九五〇年、ライト）は、詩的な空間の創造の素晴らしいデモンストレーションとなっている。連続する作業空間は、高さ九メートルで、頂部がキノコ状に開いた、鉄筋コンクリートの細い柱で仕切られている。その隙間は、ガラス管で充填されている。この形態を想像する力と、鉄筋コンクリートの技術による表現は、《パリの国立図書館》（一八六〇年、ラブルスト）の刊本閲覧室以来の、作業空間のより良い採光の追及の道程を示している。

Ⓑ 商業建築と事務所建築

——商業の活力、顧客のための新しい設備の魅力、公衆に開かれた建物が提供する行事による貢献、これらが、商業建築において、塗装されたコンクリートと優雅なガラスの姿の新しい建物を増殖させた要因である。こうして、プラハでは店舗《バタ》（一九二九年、キセラ）、ノルウェーのベルゲンでは店舗《ズント》（一九三八年、P・グリーフ）が建てられた。米国では、形態の純粋さ、単純で構成的な形、無装飾性が、巨大な規模の建物となって、驚異的な成功を収めた。ニューヨークの《デイリー・ニューズ・ビルディング》（一九二九～一九三〇年、R・フッド）、フィラデルフィアの《フィラデルフィア貯蓄銀行》（一九二九～一九三二年、G・ハウ、Wレスケーズ）、そして、ニューヨークでは一四棟からなる《ロックフェラー・センター》（一九三二～一九三九年、W・フッド他）が、その豪華な建築で経済恐慌を払いのけたが、この建物は、造型芸術や公共の広場の創出のための舞台となった。

2 公共建築

建築の公的な制度という圧力にしばしば屈して、公共建築は、体制順応主義から逃れられないことが多い。そのようにして《国際連盟宮》（ジュネーヴ、一九二六～一九三〇年）、《新シャイヨー宮》（パリ、一九三四～一九三七年）は建てられ、そこでは、建築家たちは伝統的なモニュメンタルな形態を単純化した表現をした。アルジェでは、フランスによるアルジェ征服百周年に当たる一九三〇年に建てられた《総督府》（ギオーシャン）は、幸いにもペレ兄弟によって改修された。一九三四年以後のモスクワでは《赤軍劇場》（K・アラビアン、N・シンビルツェフ、一九三四～一九四〇年）が、アカデミックな建築家たちに寄せられた政府の信頼ぶりを示している。彼らは新しい象徴（平面は赤い星の形）を、政権の成功を安定させるため復活させられた歴史主義的な形態をもって表現している（モスクワの地下鉄も同様）。

Ⓐ 国家的な計画――公共建築は、近代性の明確な表明に幾度となく寄与してきた。モスクワでは、《ツェントロソユーズ》（一九二九～一九三一年、ル・コルビュジエ）、プラハでは《再保険公庫》（一九二九～一九三四年、ハブリツェック）などが、機能ごとにはっきり異なる棟で構成され、しかもそれらは自動車による交通の原則を守って有機的に連結されており、行政センターの建築の類型を変貌させた。国家が直接介入して、政治外交的な重要性を建築の革新に担わせることもある。イタリアでは《フィレンツェの駅》（一九三三年、ミケルッチ）のコンクールは、建築の国際的動向に対して、イタリアがその一翼を担う能力があることを示した。ブラジルのリオ・デ・ジャネイロでは、カペネーマ大臣の主唱の下、《文部保健省》（一九三七～一九四三年、L・コスタ、レオン、レイディ、モレイラ、ニーマイヤー、ヴァスコンセロス）が建てられ、建築の革新に連邦政府が担うべき役割を明示した。各棟の機能的な組み合わせ、ブリーズ・ソレーユ（日照調節板）の設置、公共空間の処理（建物の下を通る連続的な広場）、装飾の良質さ（ポルティナリの陶板）などが、この建物を国際的にも重要な卓越した建築物にしている。これは、一九四三年にニューヨーク近代美術館で開催された展覧会〈ブラジルは建てる〉で注目の的になった。

イタリアやドイツでは、建築が国家機関の宣伝の道具になった。

イタリアでは一九三〇年代に数多くのコンクールが開催されたが、それらの諸計画はアカデミックな審査員の統制の下、公的なモニュメンタルな性格の方向に導かれた。《郵便局》(イタリア全土)、《ムッソリーニのローマ宮殿》、《リットリオ宮殿》、《ローマ音楽堂》、開催が予定されていた《万国博覧会の会場内の建物》(一九三二〜一九三六年)と、テッラーニがコモ(一九三二〜一九三六年)とリッソーネ(一九三九年)のために建てた《ファシストの家》のモダン・スタイルとの間には、さまざまな様式が古典の遺産の偉大さと近代性を結びつけようとする意志がよく表わされている。

ナチスドイツにおいては、新様式の建築が禁じられ、コンクールは廃止された。オリンピック・スタジアムのためのヴェルナー・マルヒの近代的な設計は、ヒットラーの介入によって新古典主義的な方向に変更された(一九三六年)。一九三七年以後、建築総監督官を務めていたアルベルト・シュペーア(一九〇五〜一九八一年)の役割は、《新ベルリン計画》(一九三八〜一九三九年)と第三帝国の《首相官邸》(一九三八〜一九三九年)を、新古典主義のモニュメンタルなスタイルで建設することであった。

ナチスの建築が最も強烈な神話を築き上げたのは、高速道路という芸術作品においてであった。それは、崇高なモニュメンタルな性格と、古代ローマ風と現代技術を総合したものである[1]。一九三七年のパリ万国博覧会では、象徴的にドイツとソ連のパビリオンが向かい合って建てられ、独裁体制が投資した権力誇示の姿を確認させた。

(1) I・B・ワイト『国民社会主義と近代主義、芸術と権力、独裁者の下のヨーロッパ、一九三〇〜一九四五』(ロンドン、ヘイワード・ギャラリー、二五八〜二六九頁)。

《カール・マルクス学校》　ヴィルジュイフ
1930～1933　A・リュルサ設計

Ⓑ 地方自治体の主導性――社会生活のための諸計画は、それらが地方自治体の注文によって支えられたときには、その近接効果により、あるいは主導権の多重性により、あるいはまた建築家を選択する範囲の広さによって、建築類型の著しい進化につながるものである。学校建築において、建築家はさまざまな種類の野外学校によって、子供たちの衛生水準を改善しようと努めた。アムステルダム（一九二八～一九三〇年、J・ダイケル）や、シュレヌ（一九三四年、ボードゥアン、ロッズ）などがその例である。ヴィルジュイフの《カール・マルクス学校》（一九三〇～一九三三年、A・リュルサ）は、余裕のある敷地と良質な施設によって、近代建築の社会的使命を果たした。

独創的な機能主義の実現となった病院の建築としては、オランダではヒルヴェルシュムの《ゾーネストラール・サナトリウム》（一九二六～一九二八年、J・ダイケル、ベイフート）、フィンランドでは《パイミオのサナトリウム》（一九二八～一九三三年、A・アールト）などがある。フランスでは、リールの《シテ・オスピタリエール》（一九三一年、ネルソン）があり、高層棟にはホテルの機能を、低層棟には診療の機能を配分している。

オランダの《ヒルヴェルシュムの市庁舎》（デュドック）は、ポーチ（ライトの住宅のポーチに似ている）や、明るい色の煉瓦の化粧壁が特徴となっているが、これは公共のための建築と記念建造物的壮大さを求める伝統との徹底的な再検討から生まれたものである。デンマークでは、若きA・ヤコブセン（一九〇二〜一九七一年）が、《オーフス市庁舎》（一九三七年）によって、新しい理想がどのように細部の良質さを取り入れることができるのかを見せている。フランスでは、屋内市場と劇場を兼ねたクリシーの《人民の家》（一九三五〜一九三九年、ボードゥアンとロッズ）が、技術的な装置によって多目的空間の可変性を実現する先駆となった。地域の図書館としては、ヴィイプリ公園（こんにちではロシア領ヴィボルグ）のなかに建てられた《市立図書館》（一九二七〜一九三五年）が挙げられるが、アルヴァー・アールトがあらゆる重々しい壮大さを排除して、閲覧室には独創的な天窓採光や快適な音響効果を仕掛け、機能的な新技術のなかに親密な暖かさを組み入れている。スウェーデンでは、《ヘルシングボルク音楽堂》（一九三一〜一九三四年、S・マルケリウス）が、伝統的豪華さと訣別し、入場者の受け入れに正確を期した編成をして、一つの建物のなかで二つの演奏会場が組み合わされている。

ブラジルでは、パンプーリャ（ベロ・ホリゾンテの近く）の住宅地の公共施設用に、O・ニーマイヤーが、一九四〇〜一九四二年に一連の目覚ましい建築を建てた。その革新的な技術による構造には、曲線的な形態の優雅さと、地域の伝統に由来する表面装飾（壁、穹窿、床）の魅力が一体化している。《サウン・フランシスコ・デ・アシス教会》（構造J・カルドーゾ、タンパンの陶板装飾カンディド・ポルティナリ、穹窿の装飾パウロ・ヴェルネック）や、《カジノ》（J・カルドーゾ）、《カーザ・ド・バイレ》（A・フロフェ）など。

Ⅳ モダニティーの国際的な広がりとその機構

1 建築家の養成

大部分の養成機関はその時代錯誤的な目的で特徴づけられる。フランスにおける、ペレの一時的、あるいは限定された役割（美術学校の校外の研修会における）や、マレ・ステヴァンスの役割（建築専門学校における）を、過大視してはならない。リオ・デ・ジャネイロやモントリオールでも、学校が存在感を示したのは、近代性に対する明らかな抵抗によってであった。

Ⓐ バウハウス――チューリンゲンの政府の援助で、グロピウスを校長として、一九一九年にヴァイマールに開校したバウハウス（建築の館の意。一九一九年開校、一九三三年閉校。短命ではあったが大きな成果を挙げた革新的な造形学校）は、物質文明を〝芸術と技術の統一〟によって変革するために必要な新しい専門家を養成することを狙いとしていた。しかし、社会主義の市当局の援助による一九二六年のデッサウへの移転に伴い、グロピウスが設計した諸建築、そしてとくに《バウハウス》自らの校舎（一九二五～一九二六年）による〈新建築〉のデモンストレーションは、一連の運動の到達点と考えられている。一九二七年にH・マイヤーが校長になってからは、諸計画の研究は、外部からの注文の設

《バウハウスの学生寮》　デッサウ（独）1925　ヴァルター・グロピウス設計

計をすることによって、空間と構造の有機的編成の問題や、地域開発などに重点が置かれるようになった。一九三〇年からはミース・ファン・デル・ローエが校長になったが、バウハウスは、国際的な共産党員の巣窟との嫌疑を掛けられ、一九三二年にデッサウのキャンパスは閉鎖されてベルリンへ移転した。そして、一九三三年に閉校となったのである。参加した人数は限られていたにもかかわらず、ほとんどが米国に移住した元の教師たちの名声によって、バウハウスを支持する人はきわめて多い。一九五〇年以後、「西ドイツの人びとにとって、バウハウスは近代性の発展においてドイツが最重要の役割を果たしたということを証明するものであった」[1]。

（1）F・ウィットフォード『バウハウス』（パリ、テームス・アンド・ハドソン、一九八九年、一九九頁）。

Ⓑ クランブルック・アカデミー・オブ・アート――シカゴ近くのクランブルックに一九二七年に創設されたこの学校は、G・ブースという財政援助者が、建築家エリエル・サーリネン（一八七三～一九五〇年）に委託して開設したもので、この美術学校の建築とデザインの科には、エーロ・サーリネン（一九一〇～一九六一年）やチャールズ・イームズ（一九〇七～一九七八年）のような若い建築家が招かれ、彼らは一九四五年以後に第一線で活躍した。

2 引きつける二極

Ⓐ 米国――雇用を提供できる力によって、米国は、一九二〇年代にヨーロッパの若い建築家たちを強く引きつけた。オーストリアからR・ノイトラ、スカンジナヴィアからE・サーリネン、パリからO・ニチケといったぐあいに。

F・L・ライトは、一九五九年に没するまで、弟子や生徒を取りつづけた。一九一一年に、彼は、アトリエの共同体〈タリアセン〉を、ウィスコンシン州のスプリング・グリーンに開設し、そこに、一九二三年にノイトラを受け入れた。一九三二年に〈タリアセン・フェローシップ〉を設立した。これは、外部からの注文を実際に設計することを基本とした建築の学校である。冬季のために、彼は、一九三八年にアリゾナ州フェニックスに〈タリアセン・ウエスト〉を建設した。

一九三七年から一九四一年までの間に、ドイツから、W・グロピウス、M・ヴァグナー、M・ブロイヤーらが移住して、ハーヴァードやMITで職を得た。ミース・ファン・デル・ローエは、シカゴにやってきた。そこでの彼らの教育は、戦後に実現された諸建築の名声の基となった。

Ⓑ パリ――芸術の国際的な首都であるパリは、外国の若いデザイナーや建築家たちを強く引きつけた。英国からアイリーン・グレイ、ルーマニアからジャン・バドヴィシ、ポーランドからジャン・ギンズバーグとブルーノ・エルクーケン、米国からポール・ネルソン、ロシアからはベルトルド・リュベトキンがやってきた。オーストリアのアドルフ・ロースやオランダのベルナール・ベイフートのような経験を積んだ建築家たちは、この一九二〇年代のパリの建築家たちのコスモポリタニズムに対して厳しい現実を見せることにおいて、一時的に貢献があった。このような視点から見ると、ル・コルビュジエが世界のなかで名声を高めつつあったことについて、別にスペースを割く必要がある。その頃、セーヴル街三十五番地の彼の有名なアトリエには、驚くべき数の若い建築家たちが、アカデミズムと激しく戦うために、世界中から集まってきていたのである。

弟子たちの国別の割合は、その時々の注文の状況に左右された。スイスの注文はジュネーヴの《国際連盟宮》の設計の候補作品に関するものであり、ル・コルビュジエのリオへの旅行の直後にはブラジルからの注文があった。一九二八年から一九三〇年まで、日本人の前川国男が事務所にいた（坂倉準三もいた）ことは、日本の次の世代、たとえば彼の弟子である丹下健三（東京大学建築科卒業後、前川事務所に勤務し、その後、大学院に進んだ）らの建築文化に大きな影響を与えることになった。しかし、おびただしい数の入所候補者が登録され、一九二四年から一九二五年の間の実習生の総数が二〇〇人であったとしても、それはバウハウスのような一つの学校の能力に匹敵するものではなかった。バウハウスにはその時期に約同数の学生がいたが、彼らの周りには、一団の教師、建築家、芸術家のグループがついていたのである。ここでもまた、フランスのアカデミックな学校教育の停滞が見られる。フランスの学閥は二大戦間に近代派が着手した問題にまったく背を向けて、否定的な役割を演じ、最も有名な巨匠を孤立させ、彼の業績をせいぜい名高いアトリエの先生の成果の程度と評価して、あらゆる教育機関の外側にとどめ置いたのである。彼の直接教育の成果は大きかったけれども、数は限られていた。けれども、それは〝書物による教育〟によって補完された。その道具となったのは、出版された『ル・コルビュジエ作品全集』である。一九三〇年から出版され、配布されはじめたこの多様な内容の本は、三十年以上の間、ル・コルビュジエが使った最も強力な教育の道具だったのであり、その影響は重大であった。しかし、一九四五年以後に西欧世界の建築学校にこの本が所蔵されたことは、建築家を養成する場所に本来いるべきその著者がいなかったことを償うためでしかない、という事実を隠すことにはならなかったのである。

3　近代建築国際会議（CIAM）

一九二八年にエレーヌ・ド・マンドロによってラ・サラの城に招集された建築家たちは、〈CIAMI〉を結成し、以下のことを計画した。「建築を真の目的に、すなわち経済的・社会的目的に立ち戻らせよう。建築をアカデミズムとその不毛な教育の悪影響から解放しよう」。

一九二九年のフランクフルトにおける〈CIAM Ⅱ〉（議長E・マイ）のテーマは、『最小限住宅』であった。一九三〇年のブリュッセルでの〈CIAM Ⅲ〉は、都市計画の諸問題についてであった。一九三三年の客船パトリス号上で開かれた〈CIAM Ⅳ〉のテーマは、『機能都市』であり、ル・コルビュジエが中心となった。終了後に『アテネ憲章』[1]が起草された。出会い、交流、対決の場であったこの時期のCIAMは、『アテネ憲章』を例外として、おそらく、彼らの旗印の下で生み出された大部分の方法論や学説よりも、さらに豊かな効果を持っていた。『アテネ憲章』は、戦後の復興期の出版という特別な機会に恵まれた。

（1）CIAMによる近代都市の現状報告と改善の提案。一一一項目からなり、都市の課題を、住居、レクリエーション、仕事場、交通、歴史的建造物に分けて分析している〔訳注〕。

4　近代化への抵抗

すでに言及した抵抗については、ここでは触れない。ここでは独裁体制の場の外で、近代性に対する抵抗が幾つかの形を取りうることを示したい。抵抗は、地域の建築文化の状態から生じることもあるし、社会的な要求に対する敵意から生じることもある。ここでは、幾つかの例を挙げるにとどめる。

Ⓐ 固定した建築文化――一九二〇年以後のスカンジナヴィアにおいて、若い建築家にとって最大の関心事は、複雑な形態を持つ国民的ロマン主義スタイルの建築を、新古典主義的な建築の純粋さと優雅

さに置き換えることであった。

スウェーデンのグンナール・アスプルンド（一八八五〜一九四〇年）の《ストックホルム図書館》（一九二〇〜一九二七年）、デンマークの《コペンハーゲン警察本部》（一九一八〜一九二四年、カンプマン）、ノルウェーの《新オスロ劇場》（一九一九年、G・ブラクスタドとJ・ドゥンケル）および《ハウゲスンド市役所》（一九二四＝一九三一年、G・ブラクスタドとムント・カース）などが、その傾向を示している。フィンランドではさらにそれが顕著で、その代表作はヘルシンキの《国会議事堂》（一九二六〜一九三一年、シレン）である。厳格な気品と堅固さを備え、あらゆる造形的な装飾が見られないこれらの建築は、一九二〇年に雑誌『ビュゲクンスト』の批評が「われわれの建築についての知識は、その上に建築を建てるべき基礎のようなものであるに違いない」と主張していることの正しさを立証している。アスプルンドが代表する転換が全面的な影響力を持つのは、まさにこのような状況のなかでのことである。この時、彼は、遅ればせながらではあるが、地域的な新古典主義から新しい形態の厳しさへと移行する自らの能力を示したのである。この古典主義的建築の存続は、多く見られたことで、この国では古典主義的伝統が絶えることはなかったのである。《ワシントン・ナショナル・ギャラリー》（一九三七〜一九四一年、J・R・ポープ）。

Ⓑ 敵対的、逆行的な社会の要求——これはケベックの例であるが、そこでは、二つの主要な社会的勢力であるカトリック教会とケベック州当局が、ともに伝統に執着している。カトリック教会は、それ

がモダニズムに対する反対の時期にあったために（Cl・ベルジュロン）、建築の形態は折衷主義の枠内のものか、あるいは公式的なモニュメンタルなスタイルであるべきだと主張した（トロワ・リヴィエール神学校、一九二七〜一九二九年）。州当局はフランス贔屓で、フランスの制度の模倣を支持するL・A・タシュローに支配されていたため、一九二二年に《ケベック美術館》を建てることを決めてからというもの、一九二五年にはパリの建築家M・ロワザンが構想を練り、一九二八年から一九三三年にかけてケベックの建築家W・ラクロワによって建てられたのである。この建物は、このような模倣的な過程を経た結果、カナダにおける最後の古典的大建築となった。

インドでは、ジョージ五世が大英帝国の名においてニューデリーを首都に決めてからというもの、一九一二年にエドウィン・ラチェンズに、古典に倣ったモニュメンタルな首都を建設するよう依頼した。それは一九二三年から一九三一年の間に実現された。この仮想の永遠性（移ろいやすい近代性と反対に）を与えられた理想的な城壁都市は、しかしながら、歴史によってさらに強固にされることはなかったのである。

第四章　復興から経済成長へ（一九四五〜一九五七年）

この時期には、一連の歴史に残るような需要に応えて、並外れた量の建築が行なわれた。ヨーロッパや日本では、第二次世界大戦の間に破壊された施設や住宅が再建された。他の国においても、戦時中は広く中断されていた建設活動の回復、また、経済成長や都市化から生まれた新しい需要、植民地の独立の獲得による建設の気運などがあって、各所で経済の繁栄が見られ、建築の需要を新種の計画の方向へと導いた（たとえば娯楽施設）。

かなり以前から経済学者たちによってダイナミックな時期（フランスでは栄光の三十年、J・フーラスティエにとっては）と見なされてきたわずか三十年の間に、建築の提案や実践が急速に行なわれた。二十世紀初期の定型の伝播とその実現は、強力で、世界的な広がりを見せた（たとえばイランやイスラエルにおいても）。いまや歴史家にとっては、二十世紀の歴史という次元で見た場合、建築のモダン運動の重心は、二大戦間ではなく、この時期に置かれるべきだということを、そして、この運動は新世代の建築家によって、あるいは前例がないほどの社会的要求によって、大きく変革されたということを認めなければならない。

この実践面で大きな躍進が見られた時期に、理論面での活動は次の段階に移った。最も活発な部分は構造の技術的な取り組みの方向（なかでもワックスマン、フラー、ル・リコレ）、そして機能面での新しい問題に対応する経験主義的な方向（たとえば一九六三年の、自動車への都市の適応の必要性をめぐる英国のブキャナンの報告）へと移行したのである。モダン運動の理論的な解答の不充分さに対する批判、後の断絶を招くことになる批判が、現われる。こうして、ＣＩＡＭは新しい局面に入り、そのことは、ことに進行中の活動との対決をもたらすのである。一九五一年のホデストン（英）での大会は、〈都心〉を主題にし、次いで一九五三年のエクス・アン・プロヴァンスでのＣＩＡＭ Ⅸでは、〈住居〉が取り上げられた。そこでは、より社会学的なアプローチによって一新され、新しい世代の参加に刺激されて、議論は、前の世代のアカデミックな傾向に対する批判へと向かった。チーム・テンのグループは、次の大会の準備の責に当たっていたが、彼らは『アテネ憲章』を批判し、大部分の者がシステム建築へ通じる方向に向かった。そののち、二つの大会がドゥブロニク（一九五六年）とオッテルロ（一九五九年）で開催された。しかし、この時代の最後には、そしてこの章の終りでわれわれが提示することになる地方での展開においては、批評や理論の甦りが、新しい問題を確認したり、それと対決する能力を供給することになる。

I　再建のための建築

第二次世界大戦で荒廃した土地の復興のためには、国家が政策を決定し、それを実行することが必要であった。建築家の側は、数多くの、そして多様な仕事に直面していたが、生産の施設と輸送のほうに優先的に駆り集められて、産業資材や近代的技術の手段が不足していたため、特別な状況のなかで参加を準備していた。建物の再建は、地域の実務家の知識に頼って失われた形態へと近づけたり、あるいは戦争によって切れてしまった、国境を超えた近代性の糸を再び繋ぎたいと願う、地方に分散した才能を動員して行なわれた。

1　ヨーロッパの再建

再建は、経験豊かな古参の建築家の世代と、一九三〇年代の建築の減少ゆえ実務経験が少ないけれども新しい構想にはより熱心な若い世代とを結び付けた。物質面での破壊の大きさは、参照すべき基準、伝統、手本などの破壊を伴った。

Ⓐ　西ヨーロッパ——英国では、地方行政機関が、まず何よりも大幅な自治権を持ち、都市の土地に

関する法規と併せて、復興計画の立案を迅速にすることを可能にした。一九四一年二月に採択されたコヴェントリーの復興計画の近代性は、試練に向かう住民を精神的に鼓舞することに寄与した。同様の精神で、一九四三年からロンドン市議会（LCC）が、ピーター・エイバークロンビーにロンドン復興の立案を委嘱した。一九四五年に政権を握った労働党は、政治介入の政策や、都市計画省によって適用された都市計画を実施した。

ニュータウン法は、一九四六年に田園都市の伝統を引き継ぎ、郊外住宅地の建築の新しい類型を可能にした。それは、人工地盤と高密度の上部構造をつくりだすものであった（カンバーノールドの都心、一九五五年）。ロンドンでは、ロンドン市議会の建築近代化チームが、新しい建築類型を、都市へ入り込ませた（バービカン地区、サウスバンク）。そこでは、新しいタイプの建築は、歴史的建築の形態と、時には唐突な感じで一体化している（シティーの街区）。

オランダでは、ロッテルダムの復興計画が都心を変貌させた。そこでは、デュドック、アウト、ブリンクマンなどの高名な建築家が設計をした。市当局による土地収用後、《ラインバーン》は、一九四七年以来、計画が検討されていたのだが、その結果は、長い間、商業中心地の歩行者天国の模範でありつづけた（J・H・ファン・デル・ブルック、J・B・バケマ）。

ドイツでは、敗戦によって打ちひしがれた国家のなかで、復興は地方自治体の管理の下で進められた。そのことは、土地の区画整理がなかったこととともに、失われた建物を、形だけでも復元しようとすることにつながった。したがって、ある所では、復興は破壊された建造物の復元であり、他所では未来を視野に入れた動向の兆しが、妥協的解決法に取って代わった（ウルム、ケルン）。後には、実業界の影響がそのような傾向を覆して、近代的な計画と形態の導入を認めさせた。一九五三年にはベルリンの上院が、一九五七年にインターバウ展覧会を開催することを決定した。

イタリアでは、とくにフィレンツェの歴史的中心街の復興の機会に、復興計画はコンクールにかけられた。そこでの建築家や知識人の間での理論的な議論は実際的で、建築による再建活動の再編成における偽の骨董の信奉者と対立した。

反対に、フランスでは、政情が不安定ななかで、再建は主要な文化的な問題ではなかった。戦争による破壊が至る所に拡散していただけに、むしろ、問題は矮小化された。北フランスでは、破壊がきわめて重大であったにもかかわらず、首都のほうはそれを免れたのである。それが、英国やドイツの状況との顕著な相違である。復興は、まず、軍事作戦の行なわれた領分からであった。それは、ヴィシー政権によって配備された国の行政機関（一九四四年に復興、都市計画省になった）と、行政の立案と管理の機構のなかに組み込まれた専門家である建築家たちとの間で、分担された。その合意事項は、市街地の構成の刷新や、住居設備の近代化に関する概括的なものであったけれども、守旧派と近代派の間の傾向や、建築文化の不一致があった。その対立は、〝戦禍〟に等しいほどに無気力な、復興に関する法制や、計画の分散によって緩和された。村落や小さな町の復興は、大都市のそれよりも優先されたからである。

実行された事項の範囲は広い。以下のことが同時並行的に行なわれた。

① サン・マロにおける街区の再開発と組み合わされた、歴史的形態の復元（詳細な資料がないため近似的）（L・アレッチュ）。

② 住居形態の改善に結びついた建築。大部分は、村落や小部落の厳しい条件のなかで建てられた（ノール県でL・ミケル、ロレーヌ地方でG・H・パンギュッソン）。

③ 全面的な土地区画整理。これは一所帯規模の煉瓦造の家が建つ土地の、新しい市街地構成の基盤になったり（モーブージュにおいて、A・リュルサ）、あるいは、大規模な都市のコンクリート建築が並ぶ均等に分割された市街地になった（ル・アーヴル、A・ペレとその弟子たち）。

④ 制約のない状態のなかでの特別な建築の創造。《サン・ローの米仏記念病院》（P・ネルソン、一九四六～一九五八年、装飾はレジェ）。《ル・アーヴルの美術館》（一九五二～一九六一年、ラニョーと協力者）。ロンシャンの《ノートルダム・デュ・オーの新礼拝堂》（ル・コルビュジエ、一九五一～一九五五年）。

ペレにとっては、復興は一九三〇年以来実験してきた方式の大規模な再開の機会を提供するものであった。ル・コルビュジエにとっては、復興はもっとダイナミックな役割を持つものであった。ヴィシーで復興を研究していたテクノクラートの集団に加わろうと試みたけれども果たせなかったル・コルビュジエにとって、一九四四年のクロディウス・プティとの出会いは、権力側のエリートとの関係における新局面の手始めとなった。ドートリーやフランス復興省との出会いは《ユニテ・ダビタシオン・ド・マルセーユ》の注文（一九四六～一九五二年）、カトリック聖職者との出会いは《ロンシャン礼拝堂》（一九五一～一九五五年)、《ラ・トゥーレット修道院》(一九五六〜一九五九年)の受注につながった。これらの注文は、類型学的、美学的に大いなる革新性をもって設計されたが、それはル・コルビュジエに比類のない名声を与えた。

Ⓑ スカンジナヴィア——復興に立ち向かったのは、とくにフィンランドであった。この国の北方の小さな町を想定した模範的プランのための設計コンクールが開催されたのである。多数の町役場や三学級の学校などが、この時の原則に従って建てられた。ここでの復興は、公的機関が推し進めた。それがコンクールや設計案の展覧会を重視した。そのようにして、復興が、建築の親密な良質さを創り出せる建築家を育てた。彼らは、一九五三年にヘルシンキで開催された展覧会《フィンランドは建てる》で注目されることになるのである。一九六〇年以前には、プレハブは、事実上存在しなかった。そして、建築と景観との関係が重視された。《ロヴァニエミの復興計画》(一九四五年、A・アールト)。

Ⓒ ソ連と東欧——復興計画の中央集権的な研究は、ソ連の建築アカデミーに強大な権限を与えた。それは、各計画ごとに模範的プランを作り上げた。その量は、一九四八年に、総計画数の六〇パーセントに上った。標準化されたモニュメンタリティーが、一九五四年まで、ベルリンからワルシャワまでの東欧の大都会の都心を覆った。こうして、ワルシャワには、模倣が復元と同列に並ぶような歴史的中心地区の復興は別にしても、一九四〇年代のソヴィエトの高層建築を手本とした大袈裟な《文化会館》(一九五二年、L・ルードニエフ)が現われた。

2　日本の復興

復興期は、それまでの国家的伝統と、ヨーロッパ独裁体制の新古典主義建築の研究を放棄する好機であった。浜口隆一とその著書『ヒューマニズムの建築』に続き、現代建築家は一九四七年に全国的な協会を結成した。一九四九年に《広島平和記念堂》の設計コンクールで勝者となった若き丹下建三（一九一三生まれ）は、ル・コルビュジエの後期の作品の痕跡によって特徴づけられた日本的な現代建築の先駆になった。

Ⅱ　経済成長と建築

経済活動および大規模な都市化の発達をうながす諸計画とその手段は、一九五〇年以後、至る所で社会的要求となっていた。建築文化の画一化の結果、類型的に同じ方式が広がった。住宅と設備は、第三次産業の職場とともに大きな範疇であり、それは建築の生産のみならず概念をも支配した。

1　近代性の政治的な勝利

この時期には、国の発展という目的のために、モダン建築の類型と形態が準拠しているものを標準化することが目指されるようになった。

それには幾つかの理由があった。それは、至る所で工業的建築の手段がより大きな生産を可能にしていたこと、西洋諸国の発達のモデルに従っている国々では国際様式の建築の類型と形態の模倣が避けられなかったこと、独立を獲得したばかりの国々ではモダン建築の形態は植民地帝国の文化との断絶を象徴するものであったこと、などである。

ソ連では、フルシチョフが政権を握ると、建築の目的は、もはや記念碑的な巨大さではなく、より多くを建設することとなった。「より良く、より速く、そしてより安価に建てよう」がその標語であった。

インド大陸でパンジャブ州の新首都シャンディガールの建設がル・コルビュジエの設計で行なわれたことは、この国の近代化の意志と、英国がインドに定着させた歴史様式との訣別を示す。一九五〇年にこの計画の任に当たっていた建築家M・ノヴィッキの死後、政府は、シャンディガールの計画の練り上げを、フランス人と英国人の建築家からなる一つのチームに委託した。ル・コルビュジェがこの都市全体の構想を作り、政治の中心地の建築である各省庁、議会、高等裁判所（一九五六〜一九六二年）を設計した。広大な広場に面して配置されたコンクリート打ち放しの建物は、壮大である。この荒削りの建築は、職人的な手法で、不完全な機材を使って建てられたが、国家の独立の象徴的なメッセージを形成している。

ブラジルでは、国の政治指導者たちは、ずっと以前から、リオから離れた所に連邦の首都を持ちたいと願っていた。クビチェック大統領は、一九五五年に、新首都《ブラジリア》を創り出すことを決定した。都市計画はルシオ・コスタに依頼され、連邦の諸建築はO・ニーマイヤーによって設計され、一九六〇年から一九八一年の間に建設された。巨大な広野のなかに、建築家は、単純な形態の建物を据え付けた。

《イタマラティ宮》（外務省）　ブラジリア（ブラジル）　1962〜1970　O・ニーマイヤー設計

それに優美な造形作品、庭園、泉水が加わって、それらを豪華にしている。おそらく外交官や国家の高級官僚の余暇のために必要な環境を想像して楽しんでいたのである。

ロメ（トーゴ）は、独立以後、〃西アフリカのスイス〃になることを願ったが、そこでは一棟の高層建築がビジネス街のアクセントになっている。

しかし、この時代はまた、バンドン会議（一九五五年、第一回アジア・アフリカ会議）の後の、発展途上国における建築の需要の計り知れない大きさが意識された時代である。近代性のあまり知られていない一面だが、この世代の幾人かの建築家の真の能力は、アカデミックな教育による偏見を持たずに計画を考え、「貧しい者たちのための建築」を提案できるように教育された者たちの能力であり、それが「芸術家、立法者、教育者、技術者、実業家たちすべての関心と思いやりを結集するのである」（ル・コルビュジエ、一九五〇年）。「近代の悲惨」（ウイリアム・モリス）に対する芸術家の戦い、という昔からの試みは、建築家の責務として引き継がれ、建築家は、西欧の大都市の周辺でも、発展途上国においてでも、適切な構造的、空間的な解決法を追求しているが、それは西欧の工業生産の文化的価値から離脱しながら行なわれているのである。「未来を準備する建築を実現する唯一の機会は、可能性の領域のなかにあると信じる」（S・ウッズ）。

フランスでは、ル・コルビュジエの事務所の元の所員たち（エムリー、ボッシュ、キャンディリス、ミケル、セン、ウッズ）や他の者たち（ボサール、エコシャール、シムネ）が、この近代性の社会的現実に取り組んだ。ことにアルジェリアでは、《エル・アスナム》（オルレアンヴィル）の再建のために、あるいはティムカドの新しい村のために努力した。一九六〇年代から、彼らは土を使ったり(マリにおいて、A・ラヴロー)、竹を使ったり(S・デュ・シャトー)といった伝統的な建築方法で同様の方向に進んだ。エジプトでは、建築家ハッサン・ファティーは、一九五〇年から、土による構造を表現することによって、建築の技術的、文化的な意義を強調した。

2 繁栄期の建築

米国では、ヨーロッパから来た建築家たちによってデザインされた洗練された形態が、知識階級の需要に応じた建築計画のなかで、米国流に再解釈された。それは、新しい製品をつくりだす工業の能力と組み合わされて、実業界のあらゆる建築計画が準拠する定型的な方式となった。

シカゴ滞在の初期から(イリノイ工科大学の校舎と配置計画、一九四二～一九四六年)、ミース・ファン・デル・ローエは、とくに米国の製鋼法によるI型ビームに自分のデザインを合わせて、それを立面に使った。骨組、マリオン、ガラスは、繊細な縦横の「織り」の要素となった(F・フランプトン)。この冷淡で完璧な新しい美学は、周囲の公共空間と、一階のポルチコとを組み合わせれば、《レイクショードライヴの高層アパート》(一九四八～一九五一年)になる。この新しい美学は繰り返し使われたが、法規によって基本的構造を壁の背後に隠すことが義務づけられているときには、それに従って単純化された。《シーグラム・ビルディング》(ニューヨーク、P・ジョンソンと共同、一九五四～一九六九年)、《トロント・ドミニオン・センター》(トロント、一九六三～一九六九年)、《ウエストマウント・スクウェアー》(モントリオール、一九六五〜一九六九年）。

この繊細なメッシュの美学は、あらゆる格づけを排して、みな同じであり、カーテン・ウォールのT.業的な仕組みによる形態を構成している。デンマークで一九五五年から存在しているカーテン・ウォール（ロドーヴェア市役所、A・ヤコブセン）は、一九五六年には、ロンドンの五階建ての地味なビルディングで使われている（ニュー・カヴェンディッシュ・ストリート、ゴリンズ、メルヴィン、ウォードと協力者）。一九五九年にはフランスに広がり、《エッソ・ビルディング》（パリ、ラ・デファンス、解体）、《CAF》（ビアラ街、R・ロペス）などがある。最も成功した作例の一つは、依然として、ジャン・プルーヴェがラ・デファンスの《ノベル・タワー》（一九六六年、マイイ）に装着したものである。

Ⓐ 豊かな時代の建築の姿——幾つかの建築が、そのような傾向を見せている。スタイルにおいてはモダニティーの刻印を失うことなく、しかも現代の豪奢の基準となるようなものである。一九五〇年代に、この傾向は、新しいモニュメンタリティーと公的格式を求める要求に応えることを目指した。それは、ニューディールと第二次世界大戦期の緊縮政策の後の米国に現われたものであるが、同時にまた、ブラジリアの連邦政府の注文にもそれが見られた。この傾向は、米国では擁護された（S・ギーディオン）が、ヨーロッパではとくにN・ペヴスナーによって批判された。彼は、これをマニエリズム的な傾向として慨嘆したのである。

① まず第一に、それは視覚的な悦楽や多目的な用途のための、広大な室内空間である。この方式は、ミース・ファン・デル・ローエがシカゴの《クラウン・ホール》(IITのキャンパス、一九五〇〜一九五六年)によって明確に表現した。これは、建築、都市計画、デザインの教育の場に当てられたものであり、外側の四本の溶接された鋼鉄柱のラーメン〔剛接骨組。接合部で剛接合された線状部材による架構構造〕で吊られている。陸屋根は連続的で開放的な内部空間を覆っていて、中央部では電気照明が窓から遠い個所の明るさを補っている。この仕組みは、ミースによって《ベルリン国立美術館》(一九六二〜一九六八年)で使われることになる。ここでは、一枚の張り出した屋根が四本柱のラーメン(二本は側面)で支えられている。それは、古典建築の柱の明晰さを示している。

② 続いて、歴史への精通ぶりを示す建築の再解釈が行なわれた。ニューヨークの《リンカーン・センター》(一九六二〜一九六五年)では、M・アブラモヴィッツとP・ジョンソンによって、大部分の建物で柱廊が繰り返されている。一連の壮大なアーケードの新古典主義的な姿が《メトロポリタン歌劇場》(ハリソン)の正面を飾っている。一九六二年から一九七〇年の間に、O・ニーマイヤーによってブラジリアに建てられた官庁の建築物の多くは、この傾向で建てられている。外務省である《イタマラティ宮》(ロベルト・ブルリ・マルクス庭園)や《法務省》などが、その例である。

③ それに加えて、建物の要素の反復による、洗練された造形処理が行なわれた。ロンドンの《米国大使館》(一九五八〜一九六〇年、E・サーリネン)では、その要素は石であり、ブリュッセルの《ランベール銀行》(SOM)、あるいはゴード(ニース近く)の《IBM本社》(一九六三年、M・ブロイヤー)では、

成型されたコンクリートである。

Ⓑ 建築と生活の芸術――この時代の建築家たちは、ゆとりのある住宅の需要に応えて、豪華な解答を出した。それには、軀体や壁が空気のような透明性を見せる《エディット・ファーンスワース邸》(イリノイ州プラノ、一九四五〜一九五〇年、ミース・ファン・デル・ローエ)から、ジャック・タチの映画『ぼくの伯父さん』の家のような絢爛豪華なものまでといった品揃えの幅があり、そのカタログは、見学者たちに「すべてが機能的につながっている」(映画の台詞)ことを確認させるということに要約できる。

① 物の時代、新しい家庭の芸術：米国における建築家たちの抽象化を目指す新しい歩み(完全な透明性、諸機能や複雑さの削減)は、ライトの「草原の家」によって始められた展開の一環を成すものである。それは、一九四五年以後、米国とカナダにおいて、現代の土着の建築を明確にすることの重要性が認識されることによって修正されねばならなかった。

多くの人びとが入手できる単一家族のための家。一九四〇年以前よりも広い土地区画の上に建つ広い面積の家。L字形の平面を活かし(台所が結節点になる)、アプローチ側のファサードは窓が少なく、反対に、庭側の開口部は広い。このような家の影響の源となるのは、ライトの「ユーソニアン住宅」であり、同時に、西部の「家畜農場」への憧れでもある。これらの家にはカーポートの庇がついていて、スキップ・フロア形式で一階半の高さになっている。暖房装置(軽油)を使うことによって、地階が開放された。装飾は単純化され、当然のことながら、モダンな家具や育児室が設置された。ヨーロッパでは、マイノリティーの人びとが、一九五〇年代と一九六〇年代に単一家族用の家を取得したが、この住居空間が近代性と機械化によって征服されたことは、明らかに、近年の貧窮と治安の悪さという不幸な状況の元凶であったと言える。一九六〇年代以後、円滑に動ける平面、室内から屋外への容易な移動、快適さのための諸設備、新しい収納装置が現われた。全面的に変革を遂げつつあった一つの物質文化「家庭の芸術」（G・ペレック）が、住宅建築の美学の進化と結びつけられたのである。「物」がもたらした最初の満足感は、そのスタイルに対してと言うよりは、その現代性に対する関心に由来する。米国（Ch・イームズ、E・サーリネン）あるいはスカンジナヴィア（A・ヤコブセン）を起源とするインターナショナルなデザインが、見本を提供している。

この時期のフランスでの快適な家の建築については、以前よりはよく知られはじめた。プルーヴェのヴァカンス用の家（ヴァール県、ロレーヌ地方）の他に、ノール県に建てられたJ・P・ヴァテルの豪壮な家も加えなければならない。これは、部分的にデンマークのヤコブセンに似ている。その他に、サリエ・クールトワ・ラジュス・サディラック社がボルドー近郊に建てた家がある。彼らの建設能力、そしてモダンな国際様式の建築（ル・コルビュジエ、ノイトラ、ブロイヤーなど）の動向に魅せられた彼らの造詣の深さ、さらに土着の建築の長所も取り入れようとする彼らの態度は、モダンな住宅建築とボルドーの富裕階級の社会的需要との素晴らしい統合を成し遂げる資質を、自らに与えたのである。当時のボルドーのブルジョワは、自らの別荘の計画を立てるにあたって、近代的であっても、上質な材料や豪華な快適設備を除外する必要がないことを、はっきりしたかったのである。数多く建てられたそれらの別荘は『メゾン・フランセーズ』のようなセンスの良い雑誌で、大きなスペースを割いて紹介された。ついには、この計画も、きわめて高い水準の豪華な家も手掛けるようになった。こうして、不動産開発業者《A・ヴェイルの家》（ポンポワン、オワーズ県、J・デュビュイッソン、一九七〇年）のように、一階のみで七五〇平方メートルのものも現われた。

② 余暇の時代：一九六〇年代には観光産業のための施設の急速な発達があって、大きな計画が立てられるようになった。そこでは、当時流行のスタイルが、それぞれ異なる文化の基準で再解釈された。

フランスのこれらの施設を見ることにしよう。フレイヌの開発業者は、米国の建築家M・ブロイヤーを呼んだ（一九六〇〜一九七〇年）。アヴォリアズの業者は、若い建築家のチームに設計を依頼したが、彼らはこけら板の扱いが巧みであった（一九六六年から、G・アンドレ・ロックと協力者）。沿岸地帯では、建築家たちは、各用地を個性的な建築で特徴づけようとした。独特の造形性で（ベイグ・メイルの休暇村）、親密性と密度の高さで（カマラ岬、モンルージュのアトリエ）、あるいはパロディーで（ポール・グリモー、一九七〇〜一九七五年、F・スポエリー）。グランド・モットには、ピラミッド形を被せた横長棒状の建物がある（J・バラデュール）。

アルジェリアでは、一九六八年から、巨大な観光ホテル（アンナバ、シーディ・フリュク、ティパザ、トゥグールなど）がF・プーイヨンに委託され、彼は気前の良い設計をした。

薄いシェル構造の魅力的な形態が、レジャー用の建築で使われた。グアドループの《カラヴェル・ホテル》(一九六〇~一九六二年、A・ブリュイエール)では、直交した天井がシェルでできている。メキシコでも、レストラン《エキソチミルコ》(一九五八年、F・カンデラ)の屋根に、薄いコンクリートの波状のシェルが使われている。

3 経済成長と建築の類型

A 塔状建築、横長棒状建築、板状建築——この三種の形状は、個々に使われたり、組み合わせられたりするが、経済成長期の建築の類型的な特徴の主要なものである。

① 塔状オフィスビルの典型《モンパルナス・タワー》(一九六八~一九七三年、ボードゥアン、カッサンと協力者)は、公的な建築物《グルノーブル市庁》(一九六七年、ノヴァリナ)や、観光ホテル《ホテル・メリディアン》(ポルト・マイヨー、パリ、一九七一~一九七四年、ジレ)に影響を与えている。高層住宅では、マンゲット(ヴィユルバンヌ)のものは嫌悪を催させるが、グルノーブル(一九六二~一九七〇年、アンジェ・エ・ピュシネリ)とモンテ・カルロのものは魅力的である。住宅を司る公的機関は、この形態の合理性と建設および諸組織網の費用が安価であることを歓迎している。ロンドンの郊外では、ロンドン市の建築局が、一九五二年から一九五五年にかけて、一二階か一三階のタワーを増加させた。ロレーヌ地方のフォルバックでは、一一階のタワー一五棟が個性的なプラン(各階二所帯)で建てられている。これは、滑動型枠工法で建てられたので、工費を大幅に節約できた(一九六一~一九六三年、E・アイヨー)。美的な

調和への配慮から格づけをした序列的な構成のアカデミックな原理が、幾つかのタワーの形に再び現われている。それが、横長棒状建築が立ち並ぶ環境のなかで、垂直的なアクセントになっている。ボビニーの《エマウス》団地、マルセイユの《ラ・ヴィスト》（一九五八〜一九六一年、カンディリスと協力者）。

② 集合住宅では、一戸分が棟を直角に貫通する形のアパルトマンの横長棒状建築が一般化した。

カミュ工法は建築家ジャン・デュビュイッソンによって取り入れられたが、壁面を横断する溝が幅広の横線を浮き出させるこの工法は、広大なガラス窓をつけることを可能にした。《SHAPE・ヴィラージュ》（サンジェルマン・アン・レ、一九五一〜一九五二年）。ロレーヌ地方ではパンギュッソンが社会住宅に、彼の方式である半貫通式のアパルトマンを適用した。これには、中間の高さに一本の廊下がついている。《オテル・ラティチュード　四三》（サン・トロペ、一九三一〜一九三二年）。

全体の配置が開放的な場合には、棒状の棟を分断することによって、快適な組み合わせが得られることもある。《グランド・テール》（マルリ、一九五五〜一九五八年、ロッズ・エ・オネゲル）。一九五二年以後、大部分の住宅団地において、「起重機の軌道」に沿った横長の工事現場の建設の難易度は、全体の構想を左右するようになった。ナンシーの巨大な横長棒状建築《オー・デュ・リエーヴル》（一九六七年、ゼルフュス）は、長さが四〇〇メートルに達する。一九六〇年以後には、美の追求が棒状建築の諸要素の造形的処理、たとえばプレハブのコンクリートの部材の自然主義的処理《レ・ブルエ》（クレテール、一九五九〜一九六〇年、P・ボサール）や、色彩の処理《ラ・モールレット》（マルセイユ、一九六三〜一九六五年、シリー兄弟と色彩コンサルタントのB・ラッシュ）を生み出した。

《ユニテ・ダビタシオン》　マルセイユ
1946〜1952　ル・コルビュジエ設計　横断面図

平面が正方形のブロック、各階四所帯、四階または五階建てで、中央通行式という中間的な方式は、余裕のある棟配置の計画に用いられている。《ビュッフェ団地》（一九五七〜一九五九年、フォントネー・オー・ローズ、ラニョーと協力者）。

③　複雑なモデルとしては、ル・コルビュジエの《ユニテ・ダビタシオン》が、社会住宅としてマルセイユに建てられた（一九四六〜一九五二年）。これは、貫通式の居住空間の変種で、二層メゾネットとセミ・メゾネットを創り出す先駆けとなった。

ソヴィエトの公的機関「ストロイコム」（ロシア共和国建設委員会。中心人物はギンズブルク）の研究成果である《タイプKとF》や、モスクワに建てられた《ナルコムフィン集合住宅》（財務人民委員会職員住宅、一九二九〜一九三〇年、ギンズブルグ、ミリニス）に刺激されて、ル・コルビュジエが『輝く都市』のなかに発表した彼の集合住宅の研究に、メゾネットの研究を加えたことはよく知られている。居住空間に関する取り組みが国際的な作品のテーマになるためには、マルセイユの《ユニテ・ダビタシオン》や、ルイ・ミケルの《アエロアビタ》（二八四所帯、アルジェ、一九五〇〜一九五四年）によって繰り

《ユニテ・ダビタシオン》（ミシュレ通り） マルセイユ（ブーシュ・デュ・ローヌ）
1946～1952 ル・コルビュジエ設計

返されたモデルの具体的な実現を待たねばならなかった。

メゾネット方式（デュプレックスの訳、集合住宅で連続した二つの階に部屋がある住戸）でアパルトマンを配置するよりも安価にできるのがセミ・メゾネット方式である。これは、ル・コルビュジエの側近であるジョルジュ・カンディリスが、一九五三年に集合住宅の計画のなかで開発した（シャドラッハ・ウッズとともに）。内部の通路は五つの階の住戸に通じ、それは、複数の一室住戸と三戸の貫通した住戸を結びつけている。別の種類のセミ・メゾネットが、オランダ人のファン・デル・ブルークとバケマによって、ベルリン（インター・バウ、一九五七年）とオランダのカンペンに、建てられた。さらに興味深いものがジャン・ピトゥーによってスイスのフリブールに（一二〇戸、一九六一〜一九六二年）、ジョルジュ・ピエール・デュボアによってアルボン（一九六一〜一九六二年）とチューリッヒ・ゼーバッハ（一九六七〜一九七二年）に、建てられた。

この方式の空間処理の可能性は豊かであり、各住戸の組み合わせのみならず、居住者たちの社会生活に適した場所を創り出す能力においても優れている。したがって、このメゾネット方式は、集合住宅の使用価値を、ル・コルビュジエの思想の豊かさに沿ったものにすることに貢献している。しかし、これらの優れた才能があってもそれは、この方式に不利に働くのである。この方式は、計画の実現に関わった多くの建築家の努力の成果であるが、ベルリンのインターバウ展覧会の後には、その高度の改良にもかかわらず、疑いなくこの類型の国際的な成功に限界が見えてくる。建築の工業化が新しい生産性の基準を要求したときに、この方式は失格してしまう。新しい基準は、さらに単純で反復的なものを要求したのである。

④　人工地盤は、専門分野の高い技術の交配から生まれた。一九三〇年以降、杭上に基礎を置く工法は行なわれてきたが、一九六〇年頃から、そしてとくに「ブキャナン・レポート」（一九六三年）を境にして、都市のなかに自動車の場をつくるために、歩行者のための人工地盤の下を乗物が走行し、地下に駐車場を置く方式が生まれた。

その大規模な企ての実現には、巨大な、公的あるいは私的な資金が必要であり、また、大規模な工事の作業の習熟度や変動する経済によって左右されるものであるために、人工地盤は、経済成長の直接的な産物ということになる。最初の大きな人工地盤は、スウェーデンで作られた。そこでは、新都市ヴェリングビーの都心を創り出すために、きわめて早い時期から人工地盤上に団地を置くかたちをとった（一九五二〜一九六四年）。フランスでは、この時期に生まれた最も目覚ましい人工地盤は、パリのラ・デファンス（一九五八着工）であり、ここでは、並外れた大きさの公共空間が、次第に活気を帯びつつある。この他、アルジャントゥーユのル・ヴァル・ダルジャン（一九六五〜一九七二年）、セルジー・プレフェクチュール地区（一九七〇〜一九八〇年）、そしてパリ市内のセーヌ河岸（一九六八〜一九七八年）がある。セーヌ河岸では、厳しい建築上の制約（すべての建築が高さ一二〇メートルで、下部は細い）、そしてとりわけ迅速で完全な計画の実現のための高度のまとまりがあり、それが成功をもたらした。

東京では、新しい新宿副都心（一九六〇年着工）が、駅との接続、旧都心の混雑緩和を目指して推進された。自動車が下部を走行し、歩行者は人工地盤上の道路を歩くという方式である。新都庁は、この街区内に建てられた（一九九一年）。

《オペラハウス》　シドニー（オーストラリア）
1956〜1973　J・ウッツォン設計

Ⓑ モニュメンタルな建築の新しいかたち――巨大な構築物の研究は、戦前からフランスでネルヴィ、トロハ、フレシネ、エスキランらによって行なわれていたが、それは新しい成果を生み、一九五〇年以後に世界中に広がった。

都市化に伴って生まれた大きな施設によく適合したシェル構造、薄い穹窿、吊り屋根構造、これらの開発は、地域的にも国際的にも強烈なイメージを与えるダイナミックで巨大な建築を創り出した。《ローマの体育館》（一九五六〜一九五七年、ネルヴィ）、米国の《ラレーのスケート場》（一九五二年、ノヴィッキ）、JFK空港の《TWAエアターミナル》（ニューヨーク、一九五六〜一九六二年、E・サーリネン）、ワシントン市の《ダレス空港》（一九五八〜一九六三年、E・サーリネン）、《国立工業技術センター》の穹窿（パリ、ラ・デファンス、一九五八年、N・エスキラン構造）、《トリノの陳列館》（一九六〇〜一九六一年、N・エスキラン構造）、《シドニーのオペラハウス》のシェル（オーストラリア、一九五六〜一九七三年、J・ウッツォンとオウヴ・アラップ構造）、《パルク・デ・プランス競技場》（パリ、一九六八〜一九七〇年、タイイベール）、《東京国立競技場》（一九六一〜一九六四年、丹下健三）。

ブラジルにおいては、《サンパウロ美術館》(MASP)のモニュメンタルな構想は、単一の広大な展示室によるもので、屋根が芸術作品のように隅の柱で支えられている(一九五七〜一九六九年、L・ボ・バルディ)。

《ミュンヘンのオリンピック大会》を受け入れるための構築物は、フライ・オットーが開発した金属のマストにテキスタイルを吊る構造で、目を見張るような空間を覆った(一九六七〜一九七二年、G・ベーニッシュと協力者)。

米国の建築家たちは、一九四四年から「新しいモニュメンタリティー」となるような注文を望んでいた。そこから、ハーヴァード大学に根を下ろしていたバウハウスの後継者たちの機能的、構造的な伝統と並んで、エール大学の建築科を中心にした新しい象徴的な研究が生まれた。秩序立った均整の取れた形態が強調されて、それはP・ジョンソンの《ガラスの家》(ニュー・カナーン、一九四九年)や、L・カーンの《エール大学アート・ギャラリー》(一九五〇〜一九五四年)などの計画に発展した。後に行なわれた彼の諸計画において、L・カーンは、この類型論的な構成要素による表現への回帰は、過去の建築のかたちに向かって橋を架けることができるものであることを確認した。それは、煉瓦の壁、規則正しい反復などであり、(《ソーク研究所実験室》ラ・ジョラ、カリフォルニア、一九五九〜一九六五年)、バングラディシュの《ダッカの中央政府機関》(一九六二〜一九七三年)では、これらの研究が古代のモニュメントの持つ簡潔さへと回帰しているように見える。

Ⓒ 工業技術による建築

──工業的なプロセスの考え方が、建築業者や建築家の文化のなかに浸透した。可動性、機械化、空間のネットワークによる支配などが、新しい前衛が何であるかを知らせた。それは、ポップ・アートに由来する映像文化を、構成主義的建築を創り出すための新しい構築の能力へと結びつけたものであり、非現実的でありながら、真実のように見えるものである。一九六四年の英国のグループ「アーキグラム」、「ウオーキング・シティー」、「プラグイン・シティー」などの諸計画が、その例である。

① 建築における工業部品の使用は、ますます増加している。第二次世界大戦以後、初めのうちは鉄製品が他の製造部門（機械工業、造船）に集中したために、鉄骨建築はなおざりにされていたが、後には、再びその姿を現わしはじめた。鋼管構造のフランスにおける例を挙げると、エドゥアール・アルベール（一九一〇～一九六八年）が建てた《ジュシューの大学校舎》（パリ、一九六五～一九七一年）や、《ナンテールの大学図書館》（一九六七年）があり、それらの建物は、構造が露出している。他にはジャン・プルーヴェの数多くの作品がある。

ジャン・プルーヴェ（一九〇一～一九八四年）は、「製造業者」であり、発想を即座に試作品の制作に結びつけてしまう人であった。会社の社長としては、一九三〇年代に数多くの建築現場と関係を持ち、そこでは、彼の鋼板の折板についての知識が重宝がられた。工業生産の家（工業的なラーメン構造の家、一九三九年）の原型を開発することによって、彼は、復興計画に必要な人物となった。一九五〇年代に、彼の個人向け住宅（ムードン）や学校（マルティーグ、ヴィルジュイフ）は、注目を集めた。彼は、幾つかの特殊な建築の建造者であった。《アルミニウム百年祭のパビリオン》（パリ、一九五四年、ユゴネと共同）、《エヴィアンのビュッフェ》（一九五六年、ノヴァリナと共同）。CNAM（国立工芸学院）の教授（一九五七年より）になったり、CIMTのサラリーマン（一九五七〜一九六六年）になった彼は、その肩書きで、数多くのカーテン・ウォールの立案者になった。《CNIT》（新工業技術センター、パリ、ラ・デファンス、一九五八年）や、《アルプス博覧会のホール》（グルノーブル、一九六七〜一九七一年）のカーテン・ウォールである。一九七一年にはジョルジュ・ポンピドー・センターの国際設計コンクールの審査委員長を務めた。

建築の工業化は、もう一つ別の面でも行なわれて、生産性本位主義の近代性が目指した建築システムが推し進められることになった。

最も知られたものは、バックミンスター・フラー（一八九五〜一九八三年）の作品で、彼は、空間構造を《測地線ドーム》で作り上げた（ルイジアナ州、バトン・ルージュ、一九五八年）。《体育館》（パリ、一九五九〜一九六〇年）、《アメリカン・パビリオン》（モントリオール万国博覧会、一九六七年）。

コンラッド・ワックスマン（一九〇一〜一九八〇年）は、ドイツの主要な建築家たちの協力者になったり、木造家屋を建設する大きな工場の建築家を務めたり（一九二六〜一九二九年）した後に、米国へ移住した。戦時中はモジュール建築の専門家になった。彼は、飛行機の大きな格納庫に向いた構造システムを開発した。彼の門弟の一人であるスイス人のフリッツ・ハラー（一九二四年生まれ）は、ドイツのUSM社のために、モジュール建築システムの変種である《USM・ハラー》を開発したが、それは建築にも（システム・マックス・エ・ミニ）、事務所用家具にも適用された（一九六四〜一九七〇年）。

大きな工業会社グループに支えられて、工業的な建築の工法は、大きな住宅建設現場へと浸透した。《ラ・グラン・マールの団地》（システムＧＥＡＩ、ルーアン、ロッズと協力者）。Ｈ・Ｐ・マイヤールによって開発された「三・五・七システム」は、鉄筋コンクリートの柱梁構造や床用の鉄格子によって、集合住宅や「積層式の個人住宅」を、基準格子七・二〇年、五・四〇年、三・六〇メートルで建てることを可能にした。このシステム建築は、国家機関の側の建築に対する技術的な取り組みによって奨励された。「新建築計画コンクール」（ＰＡＮ）を組織する国の機関である「プラン・コンストリュクシオン」（建築計画本部）が、一九七一年から一九七三年まで、決まってシステム建築の計画を抜擢してきたからである。それは、若い建築家にとって、注文を獲得するための絶好の機会であった。この技術的な方向に反発する業界の一部の者たちによって行なわれた、「偽りの発展」の姿であり、「官僚主義社会」の産物であるモジュール建築を追い払うための反対運動は、強烈だったようである。[1]

（1）Ｂ・ユエ『これが前衛だ』（ラルシテクチュール・ドージュルジュイ、一七九号、一九七五年五〜六月）。

Ⓓ 増殖する建築——技術システムと巨大構造の申し子である増殖する建築は、著しく類型上の発展を推し進めた。

① それは、住居の類型を変貌させた。都市の新しい連続性の創造を目指して、都市社会学の影響を

受けた幾つかの提案が、公共的および私的な空間との密接な提携を保ちながら、大きな類型的な革新を推し進めた。スコットランドの《カンバーノールト・センター》（一九五五〜一九六七年）や、フランスでは《アルルカン街区》（ヴィルヌーヴ・ド・グルノーブル・エシロール、一九六五年、AVA）が、その例である。「こんにちの土着の建築」を目的として私心なく打ち込んだ者たちとしては、イヴリーの開発のため、「結合する都市」を視野に入れた社会住宅の新しい使用価値を追求したJ・ルノーディが挙げられる。[1]

（1）J・ルノーディ『都市は結合体』（ラルシテクチュール・ドージュルジュイ、一四九号、一九六九年十月、一四頁）。

ジャン・ルノーディ（一九二五〜一九八一年）は、「アトリエ・ド・モンルージュ」の創設者の一人である。彼は、一九六八年にそこを去り、間もなく、イヴリー・シュール・セーヌに自分の事務所を持った。この町の都市再開発が、高密度の空間内における活動の多様性を可能にすることと結びついた発想の出発点であった。対角線と直交線を組み合わせた平面図から生まれた、テラスの三角形が特徴になっているこれらの住宅は、月並みではなく、居住の様式を活動的なものにした。ジャン・ルノーディは、イヴリーのダニエル・カザノヴァ街に八〇戸の賃貸住宅（一九七〇〜一九七二年）を、ついで総合的団地《ジャンヌ・アシェット》（住宅、事務所、商店、一九七〇〜一九七五年）、《ラ・シテ・デュ・パルク》と《アルベール・アインシュタイン学校》（ニーナ・シュッシュと共同、一九七八〜一九八三年）、そしてローヌ県ジヴォールでは、都心に隣接して丘の斜面に建てられた集合住宅団地（一九七四〜一九八〇年）を、イゼール県のサン・マルタン・デールには住宅団地と諸施設（セルジュ・ルノーディと共同、一九七九〜一九八二年）を建設した。彼は、一九七九年に国家建築大賞を受賞した。

集合住宅　ジヴォール（ローヌ）　1974～1980　J・ルノーディ設計

この類型的な新局面において主要な宣言となったものは、一九六七年のモントリオール万国博覧会の呼び物の一つであった《アビタ六七》（モッシュ・サフディ）である。

このユニット建築の宣言は、都市の成長の実体験を組み入れたものである。「都市は、初期の小さな町から大きな都心へと変化せねばならなかった。その発展は、北アメリカの経済状況と軌を一にするもので、そこでは、人口密度は直接的に地価に結びついたのである。したがって、われわれは出発点においては比較的低密度の、そして、その成長と地価の上昇に応じて、初期の低密度の住環境を破壊することなく、高密度の人口を吸収できるような都市を考え出さねばならない」[1]。

（1）M・サフディ『アビタを超えて、モントリオール』（ケンブリッジ、MITプレス、一九七〇年）。

工業化のあらゆる観点から見ても有害な出来事であった一九七三年の石油危機のあおりを受けて脇に置かれる前に、増殖する建築は、その実行の場を大学に見出した。

② ユニット建築は、フランスの大学の新しい建築という目的にうまく適応した。一九六〇年以後のベビーブームによって、大学の校舎の建造が急務となった。フランス政府がどのような性急さで国家管理の計画を進めたのかということは、よく知られている（MITの八七平方メートル、ハーヴァードの八五平方メートルとくらべて、フランスの文科系の学生一人当たりの面積は四平方メートル、理科系の学生は一二平方メートルである）。しかし、この制限がすべての原因ではない。ナンテールで、マルセイユ・サン・ジェロームで、ボルドー・ペサックその他で、このいわゆる「キャンパス」の需要に、業界の有力者たちが所有する建築事務所が、どのような無能さで応じたかを言う必要がある。

《リヨン第二大学》　ブロン（ローヌ）
1970〜1972　R・ドットロング設計

当時、幾つかの国では、大学の建築は威信を誇示する大建造物であり、有力な建築家に設計が委嘱された。O・ニーマイヤーはブラジルでブラジリア大学（一九六〇〜一九六二年）を、アルジェリアではコンスタンティーヌ大学（一九六七〜一九七七年）を建てた。英国では、高等教育の強力な発達を可能にした「ロビン計画」以後のグリーンフィールド大学が、快適な環境のなかで入念に建てられて、素晴らしいものになっている。

ノーリッチのイースト・アングリア大学（一九六二〜一九六八年）は、大学生活による文化的、社会的融合という伝統的な見地から見て、最近の建築が果たした良い見本である。デニス・ラスダンがそれを設計した。ロマンティックな風景のなかに、校舎が続く。それは、序列のない一種の平等主義の都市の縮小版のようなものである。陸屋根の学生寄宿舎も、太陽と自然に向かって大きなガラス窓を開いている。もう一人の有名な建築家ジェームス・スターリングは、レスター大学の工学部の建物（一九五九〜一九六三年、J・ゴウアンと共同）や、ケンブリッジ大学の史学科の図書館（一九六四〜一九六七年）を建てた。

厳しい気候条件のために、オンタリオ州のスキャバラー大学の校舎（一九六三〜一九六九年、J・アンドリュース）や、エドモントン市のアルバータ大学の学生寮（一九七四年、ダイアモンズ・アンド・マイヤーズ）では、通路を内部に置くという課題が建物の編成の中心になっている。

この緻密な発想を最も強く表現しているのが、バンクーバーのサイモン・フレーザー大学（一九六四〜一九六八年、A・エリクソン）であり、そこでは、開放的ではあるが屋根で覆われた広大な公共広場の周辺に、連続的なタイプの都市空間のセンターがまとめられている。そこには工業的な工法がなく、米国のキャンパスの「増殖、拡張」と著しい対照をなしている。

スキャバラー大学の屋根付き通路から間もなく、同様の仕組みがブロンのリヨン第二大学（一九七〇～一九七二年、R・ドットロング）で、しかしここでは社会学的な目的で、使われた。屋根つき通路の公共空間は、現実的にも象徴的にも、大学を町に結びつけることを意図している。大学の建物は、一種の有機的連続性で町につながっているのであり、それは、ユニット方式や鋼鉄の柱や平面トラスをはっきり見せている。

III　見直される国際様式

一九六〇年代の諸計画の活力と多様性は、国際様式の仮定の均一性から生まれた狭量な概念とは一線を画するものであった。その活力の基盤は、多様な問題や、特有の文化への適応である「地域主義」のなかに見出されなければならない。また、建築家たちのグループの間には、問題点を見分ける中心的な態勢がまったくなく、彼らは、必要に応じてまとまりの良い一派を作っていたのである。

Ⓐ　1　地域的な表現

スカンジナヴィアでは、近代派の動きは二つの明確に異なる方向に発展した。

《市役所》　セイナツアロ　フィンランド
1949〜1952　A・アールト設計

① フィンランド：アールトは、彼の諸計画において、歴史的文化的な源に徐々に注意を払うようになり、近代性を、親近感と心の通う共感のなかに根づかせるような数多くの公共建築を設計した。《セイナツアロ市庁舎》（一九四九〜一九五二年）。タピオラの《庭園都市》（一九五三〜一九六九年）の実現や、数多くの公共施設の建設において、次世代の建築家たちは、形態の単純さ（A・ブロムステッド）と構成的な方式（ユニット・システム、一九七〇〜一九七四年、K・グリッシェンとJ・パラスマ）の間で成長していった。

② デンマーク：A・ヤコブセン（一九〇二〜一九七五年）は、優雅さとアスプルンドの遺産を受け継いで、それに米国のカーテン・ウォールの方式を適応させた。この方式から、彼は、大きな美的効果を引き出している。《レードヴァ市庁舎》（一九五五年）。コペンハーゲンの《SAS本社》（一九六〇年）。

Ⓑ 他の北ヨーロッパ諸国では、公共施設の建築は、文化の革新のなかで重要な役目を果たしている。

オランダでは、新しい目的につながっていくのは、CIAMへの批判と同時に、一九六〇年代に進行中であった大規模なな拡張（アムステルダムのベイルメルメール団地）に対する批判であった。新しい目的は、個人的欲求への配慮、《アムステルダムの孤児院》（一九五七〜一九六〇年、A・ファン・アイク）と、都市の再開発である。

英国では、教育の機構の変化に直面して、たとえば大量の学校建築や、諸計画の地方分権的な研究のような問題が議論されるようになった。そのなかに、「ニュー・ブルータリズム」[1]の提案が流れ込んだ。ノーフォークの《ハンスタントン・スクール》（一九四九〜一九五四年、A・P・スミスソン）。これは、欠乏の時代に芸術的な計画を認めさせるための提案で、その見事な無遠慮さは、時至ってポップ・アートと調子が合うことになった。

（1）一九五〇年代に英国で始まった建築運動。初期の機能主義建築への回帰を目指した。ミースやル・コルビュジエの妥協しない態度、構造と材料の正直な表現を基準とし、構造、配管の露出、打ち放しコンクリートなどが特徴〔訳注〕。

スイスでは、高品質が実現されると建築の傾向は二手に分かれた。一方にはコンクリート造のブルータリズム、《サン・ガルの社会科学学校》（一九五七〜一九六三年、W・M・フェルデラー）が、他方には金属とガラスの構造の過激な表現、《ブルッグ・ヴィンディッシュの高等工業学校》（一九六一〜一九六六年、F・ハラー）が、存在することになった。

Ⓒ フランスでは、戦前より、はるかに現代性に注意を払うようになった、私的、公的な注文の影響で、一九六〇年代の末期には「新フランス建築」（M・ベッセ）が存在したことが確認できる。ル・コルビュジエの文化的、芸術的な権威はその頂点にあり、それが、彼の以前の協力者（ヴォジャンスキー、キャンディリス）を発奮させたり、他の多くの独創的な研究（アトリエ・ド・モンルージュ、AUA、Cl・パランなど）を支えたりした。第五共和制の下では、政界人が新しい責任を取りはじめた。たとえばA・マルローは、E・アルベールを《ジュシュー》の計画（一九六三〜一九六八年）で、J・プルーヴェを《環境研究所》（一九九五解体）で、そしてル・コルビュジエを《二十世紀美術館》の計画案（一九六四計画中止）で支持した。

一九六九年のG・ポンピドーの《ボーブール・センター》建設の決定は、あらゆる公共建築の発注の慣習的な手続きに、重大な影響をもたらした。それは、結局は、一九七一年の模範的なコンクールによって覆されることになった。最も革新的なコンセプト（多目的性、有用性、都市との有機的な結合）が、計画の中心になった。結局は、建築の革新に対する強力な援助をするための「計画本部」の設置（一九七一年）に見られるように、国の機関で非常に強かった技術的思考が、それに対応することができた。このテクノロジーの楽天主義によって特徴づけられた段階は、一つの象徴的な表現を得た。それは、レンゾ・ピアノの《ジョルジュ・ポンピドー・センター》（一九七七年完成）であり、そして同様の多目的性の問題を提起した《ベルシーの総合体育館》（一九七九〜一九八四年、アンドロー・エ・パラ）が続いた。しかし、もう一つの象徴である《パリ中央市場》の痛ましい解体（一九七一年）は、都市再開発の問題を提起した。

Ⓓ 地中海沿岸諸国では、気象条件や、自己充足的な職人文化や、都市の景観との関係が、建築を型にはまらない無機質的なものにした。

① こうして、イタリアでは、アルビーニの模範的な美術館（ジェノヴァ、一九五一年、パドヴァ、一九六九〜一九七四年）が、そしてウルビーノの大学宿舎（一九六二〜一九六六年、G・デ・カルロ）が、建てられた。アルジェリアでは、R・シムーネ（一九二七〜一九九六年）によって急な斜面に住宅が密集した団地（ディエナン・エル・アザン、一九五七〜一九五九年）が建てられたが、その発展型がタナナリーヴの大学宿舎（一九六二〜一九七二年）である。

② スペインでは、フランコ主義の公的建築の形式主義に対する文化的抵抗の風土のなか、一九六〇年以後、若い建築家たちが、とくにカタロニアにおいて、同化が可能な外国の手本（英国のニュー・ブルータリズム）へと目を向けた。ボフィールは、タラゴナで住宅団地を設計したが、その複雑さとデザインの稠密さは、高密度の都心の国際色豊かな新しい構想を表現している（バリオ・ガウディ地区）。

③ イスラエルでは、一九六〇年代に数多くの公共建築、大学、美術館が有力な建築家たちによって建てられた。そこでは、打ち放しコンクリートで表現された量塊の効果が、周囲の鉱物質の風景によく調和している。

Ⓔ 米国――スキッドモア・オウイングス・アンド・メリル（SOM、一九三六年創立）、エーロ・サーリネン、イオ・ミン・ペイらの大事務所が、質の高さを見せながら、鉄骨とカーテン・ウォールのよく知られた建築方式を広めていた。他方で、表現方法は多様化した。造形的処理によるデザインの多様化は、ニュー・ブルータリズムの一種の公的な等価物である。《アート・アンド・アーキテクチュア・ビルディング》（エール、ニューヘヴン、一九五八〜一九六四年、P・ルドルフ）、《ボストン市庁舎》（一九六二年、G・M・コールマンと協力者）。ニューヨークの《フォード財団》（一九六三〜一九六八年、K・ロッシュ）では、ガラス張りのアトリウムというテーマにつながる新しい方法が追求された。

Ⓕ ラテン・アメリカ――メキシコでは、ナショナリズム色の濃い独自の建築文化が、建築家であったミゲル・アレマン大統領（一九四六から一九五二まで）の下で明確になっていった。

都市基盤や施設の巨大な工事が着工された。《メキシコ大学都市》（一九五〇年開始、C・ラゾの指揮下での集団的作業）は、大規模都市建築群である（分散した塔状、あるいは横長棒状建築。現代の類型の古典的な表現）。《中央図書館》（J・オゴーマン、一九五二年）は、その壁面装飾において、メキシコ画家（D・リヴェラ、J・C・モラード）の壁画主義の強い伝統を取り戻しており、その絶頂を示すものである。一九六〇年代には、幾つかの公共建築において、モダニティーとスペイン支配以前の伝統が、文化遺産の保護と関連して求められた。メキシコの《国立歴史人類学博物館》（一九六三〜一九六四年）は、型打ちコンクリートと石で建てられていて、中央の中庭にはアルミニウムの庇がついている。「私は、マヤの建築家が、もし鋼鉄と鉄とアルミニウムを持っていたならばそうしただろうように作業を進めた」（P・R・ヴァスケス）。《士官学校》（A・ヘルナンデス、一九七四年）は、打ち放しコンクリートで、ピラミッド型に傾斜した立体である。チアパス州の《政府庁舎》（D・ムノス・スアレス、一九八二年）では、広大な前庭によって、マヤの水平主義と軸性の回復を示している。

ブラジルでは、工業化の時代、すなわち並外れた産業活動が行なわれた時代に、ブラジリアで、ニーマイヤーの業績以外に素晴らしい空間と風土を活用する、興味ある試みの建築が数多く建てられた。サンパウロのイビラプエラ公園内の《産業会館》（ビエンナーレの会場、一九五一〜一九五四年、O・ニーマイヤー）は、そのなかの一つである。しかし、ベネヴォロが示唆するように、一九六四年の民主化の中断は、建築の施主や、かなりの数の建築家を四散させて、発展を妨げ、その流れを止めてしまった。

ヴェネズエラでは、カラカスの《ヴェネズエラ大学》（一九四四〜一九五二年）の建設が、建築家C・R・ヴィリャヌエヴァ（一九〇〇〜一九七五年）に託された。彼は、鉄筋コンクリート構造の造形的可能性を大袈裟に駆使して（シェル、張り出し）、そのモニュメンタルな性格は、当代の芸術家たち（カルダー、アルプ、レジェ、他）の作品が加わって、いっそう強められた。

Ⓖ　新世代の建築家たち——仕事の量は、戦前の時代とは比較にならぬほど多く、したがって建築家たちは、この職業による真に幸福な時代を経験した。大部分の人たちは注文に追われ、少なくとも不動

産開発業者の圧力に屈しない人たちは、前例のないような自由さのなかで働くことができた。しかし、実業家や開発業者と共同で仕事をする領域では、活動を組織化する必要性、社会参加、そして理論的な産物が新しいかたちをとった。

フランスでは、教育の危機と諸計画の複雑な性格が、「アトリエ・ド・モンルージュ」のような事務所の創設や、「都市計画建築アトリエ」（ＡＵＡ）のような専門多分野にわたる実践活動を生み出した。

「アトリエ・ド・モンルージュ」（一九五八〜一九八一年）は、ジャン・ルノーディ、ピエール・ルブーレ、ジャン・ルイ・ヴェレによって設立された。国立高等美術学校のルイ・アレッチュ教室のかつての生徒であり、一九五〇年代のル・コルビュジエとミシェル・エコシャールの協力者であった彼らは、パキスタンやモロッコなどの第三世界で働いた経験を共通に持っている。「アトリエ・ド・モンルージュ」は、以下のような活動をした。《メルリエの休暇村》（カマラ岬、一九六五年）。《画家メッサジエの家》（ドゥー県、コロンビエ・フォンテーヌ、一九五八〜一九六二年）。《クラマールの児童図書館》（一九六五年）。フランス電力公社のための《集合住宅》（イヴリー・シュル・セーヌ、一九六四〜一九六七年）。《旧火力発電所の事務所建築への改築》（イッシー・レ・ムーリノー、一九六一〜一九六三年）。および、《新中央社屋》（一九六九〜一九七四年）。一九六九年に始まったヴォードルーユ（こんにちのヴァル・ド・ルーユ）の新都市の調査研究は、ジャン・ルノーディのグループ離脱の原因となった。彼は、グループの他のメンバーが、平野のなかに「都市の胚芽」を創ろうとしたのに対して、用地の急斜面を使うこと（後に、彼はそれをジヴォールで実現する）を提案したのである。このアトリエはさらに、彼らが国家建築賞を受賞して一九八一年に解散する前に《イストルの文化教育センター》（一九七〇〜一九七五年）を、ついで《アルシュ・ゲドンの地域センター》（一九七四〜一九八〇年）を建てた。

「AUA」（一九六〇〜一九八五年）は、その出発時には都市計画家J・アレグレ、建築家J・ペロッテ、ジョルジュ・ロワゾー、およびJ・トリベル、そして室内装飾家のJ・ベルスとV・ファーブルらが、共同組合として結集したものである。初期のグループは、人員を増加し（C・シュムトフ、H・シラーニその他）、そして一九六二年から一九六六年まで刊行された雑誌『フォラム』で、自分たちの態度を明確にした。大きな注文に恵まれなかったために、「AUA」は、「たゆまぬ社会福祉の追求」（A・ペロッテ）という標語と、「実践における本質の表現と、量塊としての材料の処理」（M・スマニャック）を旨とするスタイルで、親しい左翼の政治家たちに地方自治体の注文を求めた。一九七一年のエヴリーのコンクールは、「AUA」の集団としての作品発表の最後の機会となった。「AUA」の専門多分野の潜在能力は、数多くの領域で強力に発揮された。グルノーブルのヴィルヌーヴ、社会住宅の建設、劇場建築などである。

オランダでは、雑誌『フォラム』を中心として、建築の良質さと独創性とを重視し、SARの目的と一致するような、そして住民の積極的な参加を強く勧めるような議論があり、それが民主化の波というかたちとなって、一九六八年以後には、公権力の側でもそれが理解されるようになった。

イタリアでは、この世代の潜在的創造力の複雑さに対して、制度的な大きな努力と、G・サモナを中心とした影響力のある出版物が、それに応えた。サモナは、ヴェネツィアとタフリの建築学校、およびヴェネツィア大学とベネヴォロ大学の建築史研究所の創設者である。一九六六年のA・ロッシの著書

『都市の建築』は、都市研究への関心を定着させた。

スペインでは、一九五二年に「グループR」が結成されて以後、一九六〇年代には国柄の違いが強調され、また当時は経済の回復によってそれが正当化されたため、カタロニアに進歩的な事務所、たとえば「スタジオPER」が、そして特筆すべきは一九六五年に、R・ボフィールと作家J・A・ゴイティソロを中心にして集まった「タレール・デ・アルキテクトゥーラ」が設立されたことである。彼らは、建築を通して社会改革の道筋をつけたいと願っていた。

ポルトガルでは、サラザール政権の終焉を待つことなく、フェルナンド・タヴォラ（一九二三年生まれ）が、ポルトの建築学校を設立し、そこで彼らは集団的職業実践を行ない、徹底的に単純で厳格な建築を生むことになったが、それは、当時の地味なカリキュラムにもよく適合していた。《アヴェイロの市庁舎》（一九六五年、T・タヴォラ）、レサ・ダ・パルメイラの《市営プール》（一九六一～一九六六年、アルヴァロ・シザ、一九三三年生まれ）などがある。

米国では、エール、ケンブリッジ、フィラデルフィアの各大学の建築科が、建築家の育成や交流の主要な場であったが、しかし、彼らは、強力な事務所と互角に渡り合うことができたであろうか（SOMは一九八〇年に二〇〇〇名以上の協力者を持っていたが、そのうち一〇〇〇名は建築家であった）。この二種の制度的な枠の外でも、幾つかの試みが行なわれた。グロピウスを中心にした「建築家協会」（TAC）は、一九四五年に結成された。一九六九年には、「ニューヨーク・ファイヴ」が存在した。一冊の本や、展覧会の時期や、個人住宅を専門にする（当時は）五人の建築家が参加していたということがわかっている。

それは、M・グレイヴス、C・グゥオスメイ、J・ヘイジュク、R・マイアーらであった。

日本では、一九六〇年代に、丹下健三の次の世代の若い建築家たちが、「メタボリズム」の運動に集まって、建築と都市計画の方法論について研究していた。この強力な経済成長期に、丹下健三の大きな建築や都市計画の現場で得た経験は、大阪万国博覧会直後の日本の各設計チームを、国際的に最良の水準の事務所へと押し上げることになった。

第五章　不安と確信（一九七五年からこんにちまで）

一九七三年の石油危機は、産業および社会のシステムに影響を及ぼし、建築の大量生産の見通しを台無しにしてしまった。建築費の高騰は著しかった。フランスでは建築費は一九七四年から一九八六年までの間に四倍になった。その影響は、間接的に建築の主義主張に影響を与え、生産性本位の慣行を生むまでになった[1]。一部では新しい計画に向かって動きながら、資金投資のかたちをとったり（日本、米国）、あるいは政策投資（フランスでは一九八一年から一九九二年まで、ベルリンでは一九九一年以後）というかたちをとって、注文の潜在力は存続した。創造の中心地は萎縮した。それ以来、新しい危機の局面（湾岸戦争とその影響）が、注文の減少を加速した（たとえばフランスでは、非常に多くの事務所建築の計画案が売れ残った）。

（1）建築の指標BT07（F・セイツによる論評「国の全機関」、『二十世紀の鉄骨建築』、パリ、ベルリン、一九九五年、一五七頁）。

この危機の全般的な影響は、建設の活動のなかにも、同時にまた意志決定者と建築家の意識の変化のなかにも見られた。同時であった理由は、彼らには時間があったからである。彼らは、建築の体制を立て直したし、また、驚くべき世代交代があったために、当時の建築家たちは、既成の主義主張を批判し、新しい提案をしたからである。時には、論争が当たりを取った作家によって引き継がれることもあった。[1]多くの場合、施主がその力と権限を見せつけた。

(1) トム・ウルフ『バウハウスからマイホームまで』〔諸岡敏行訳、晶文社、一九八四年〕(ニューヨーク、一九八一年、仏語版『広まるバウハウス』パリ、エディション・マザリヌ、一九八二年)。

ひとつの大きな結果は、再開発の仕事への活動の転換である。ことに十九世紀の工業の遺産は、多くの場合、すべて巧みなリサイクル活動の恩恵を受けることになった。ロンドン、オスロ、ジェノヴァ、ニューヨーク、ボルチモア、バンクーバーの港湾の用地や施設は、一九八〇年以降、興味深い再開発の対象となっている。要するに、「建てる芸術」の条件と目的は一新されたのである。建築の技術的なアプローチは、建築の新しい工業的技法(金属繊維)に、設備の進化(インテリジェント・オフィス)に、新しい基準の出現(エネルギーの経済)に、そして情報機器の普遍化に、取って代わられたのである。情報機器は設計の作業に、映像の作成に、工事現場の管理にと駆使されている。

I モダニティーへの批判

一九六〇年代に、われわれはその発端を見ている。アテネ憲章の限界の確認、都市の複雑さの再発見、歴史への関心など、がそれである。

1 米国

アメリカ社会の複雑さや国土の多様性に応じて、分化した建築への大きな需要があるという基礎の上で、建築家R・ヴェンチューリは大きな成功を収めた[1]。

(1) R・ヴェンチューリ『建築における複雑さと矛盾』(ニューヨーク、一九六六年、仏語版『建築のあいまいさ』、パリ、デュノ、一九七一年)。

R・ヴェンチューリは、二つの前提に支えられている。第一に、建築を機能と単純な形態に還元しなければならないという原則から逸脱しなければならないという複雑さの原則(ミース・ファン・デル・ローエの「レス・イズ・モア」の反対)。第二に、建築家は自分が最新テクノロジーの動向に参加していると信じることをやめなければならないという実情の原則(先端技術は他所にある。軍事産業や宇宙産業にそれはあり、その予算は建設業とは桁違いの大きさである)。したがって、土着の建築にこんにちの芸術の動向(ポップ・アート)と商業社会のスタイルの活力が加わったものが、当然の結果として求められる(『ラス・ヴェガスの教訓』)。そこから、「装飾された倉庫」のスタイルが生れる(R・ヴェンチューリ)。米国の建築家が大事務所の外で自分の道を探し、金持ちで、快楽主義者で、近代建築の伝統の価値に囚われない依頼者を満足させようとするときに、この教義はぴったりと適合していることがわかったのである。

ヴェンチューリの興味深く含みのあるアプローチは、評論家たち(Ch・ジェンクス)によって性急に引き継がれ、歴史的な基礎は脆弱ではあるけれども、強力なメディアによって「ポストモダニティー」を肯定するために、そして棒状の集合住宅が解体されるのを契機として、「モダン建築の死」を宣言（セント・ルイス、ミズーリ州、一九七二年七月十五日）するために使われた。これは、ポスト・バウハウスの純粋主義への反発から、米国の建築活動の一部で起こっていた形式主義的傾向には誂え向きなことであり、古典的な形象が露わな形態（円柱、柱割り、窓の型物装飾）の使用が再び可能になった。過去の慣習との断絶のための長年の努力の後に、建築の教義は、歴史主義の安易さに閉じこもった。「このブルジョワの芸術、信号作用を持った芸術は、感動をでなく、感動の信号を休みなく吹き込んでくる」[1]。アカデミックな教育が果たしてきた役割の再検討が、一九七七年にニューヨーク近代美術館で開催された「ボザールの建築展」によって行なわれた。

(1) ロラン・バルト「ブルジョワの歌唱芸術」『神話作用』（篠沢秀夫訳、現代思潮社、一九八〇年）（パリ、スイユ、一九五七年）。

社会学的に見て、世代の交代と中心地の移動（エールが下降、シカゴそしてことに西海岸が上昇）は、この断絶の意志と無縁ではない。別の面では、大事務所のなかでの集団的作業による匿名性とは反対に、そして通常の住宅建設における建設業者の比重が大きい状態に対して、「ポスト・モダン」の新しい教義は、メディア化が極端になっている傾向のなかで、多かれ少なかれ、この職業のしかじかのスターの後を追う建築家たちが、作者としての自分の存在を明確にすることを助けたのである。そういう事情であっても、幾つかの新しい大事務所が出現していることに変わりはない。それはR・メイヤー、I・M・ペイらの事務所である。

したがって、ヨーロッパのモダニティーとのつながりを残していたものとの断絶がある。その断絶の詳細な歴史については、今後を待たねばならない。断絶は、その報いとしてアメリカの建築家の孤立をもたらし、彼らはその孤立を固く守ろうとしていたのである（B・ゴールドバーグ、シカゴの《マリーナ・シティー》〔一九六四年〕の建築家）。しかし、実際の結果は、現実の計画においては、一貫性のない概念のもてあそびを基礎とし、多くの場合、こんにちの新しい材料と技術を用いてデザインし実現されたかたちを増殖する建築が、世界中に広がったのである。評論家たちは、このポストモダンの建築を「ネオ・マニエリズム」のスタイルと見なしている。このマニエリズムから、風見鶏のフィリップ・ジョンソンは、《ATTビル》（ニューヨーク、一九七八〜一九八四年）の他に、巧みなバージョンを生み出した。サイト・グループやフランク・O・ゲーリーの商業建築は、このモダニティーの原則の否定の最も強烈な変種であり、しかもユーモアに富んだ作品となっている。

2　ヨーロッパ

北ヨーロッパでは経験主義的な態度が増加した。新しいスローガンに受身的に従う意志を示したり、あるいは民衆主義の圧力に応じたりするものである。

Ⓐ 英国では、モダニティーの状況の見直しが続き、一九七八年には、あるシンポジウムで、建築家のJ・スターリングが、「ボザール様式とその反対側のバウハウスは、いまやわれわれにとっては時代遅

れのものである。両者の中間でもう一つの道を作り出さなければならない」と宣言した。

Ⓑ ベルギーでは、「ヨーロッパの都市の復興」という論争の的になるような計画（L・クリエ、M・キュロ）が、都心の乱暴な再開発に対する抗議である「都市の闘争」から生まれた。「当時、ブリュッセルでは、道路や広場のシステムは、快適設備、社会生活、諸活動の相互作用、作業の進行状況、自由度、参加者の多様性、住民の要求への配慮など、あらゆる点で魅力的であったのに、塔状建築や棒状建築を建てるために、街区全体が破壊されていた」（M・キュロ）。

しかし、これらすべてのエネルギーは、「いまの生産の状況においては、システムと何らかの協力的な行為がなければ建設は不可能である」（L・クリエ）というような精神的不干渉に帰着するか、あるいは、美学的無関与に到達するかであった。「私は、写し、模倣、復元、類似、模作などを弁護するものである。理由は、それが様式の問題を解決するからである。人はある状況、ある背景にふさわしいあれこれを選ぶのであり、それがまた、芸術の独創性の問題をも解決するからである。建築や都市計画においては最良のものが実現されたと認められているのだから」（M・キュロ）。

Ⓒ フランスでは、イタリアで進められていた研究と密接な関係を持ちながら、建築学校において、「都市の形態」の分析の努力が進められた。それは、「街路」、「広場」のタイプを、都市建築の類型学の基準となる空間として重視するものである。

パリでは、中央卸売市場の解体に関連して、数多くの歴史的都市の諸要素が破壊されることに関心を寄せた歴史研究（A・シャステル、F・ロワイエ）が、十九世紀の都市の、そして折衷主義の、美学的な復権を推し進めた。この新しい主張の亜流の一つが、模倣の教養の再出現である。それは、多くの場合、商業的な開発業者によって近似的な方法で実行された。一九七四年から「新都市建築」の計画が現われたが、これは新しいモニュメンタリティーに帰着し、「時代錯誤的な発想」（F・ショエ）とされた。一九八〇年から対抗的な展覧会が催され、さまざまな陣営が頭角を現わすことを可能にした。《フランスの建築、モダン、ポストモダン》（IFAにて、一九八一年）、《モダニティー、未完のプロジェクト》（パリ、フェスティヴァル・ドートンヌ、一九八二年）、《モダニティー、時代の精神》（パリ・ビエンナーレ、一九八二年）。

①　制度的な結末…一九七三年の危機は直接的な影響を与えた。建築の体系的な研究は中断し、住宅建設の規模は縮小した。住宅の建設は五〇パーセントが挫折し、大建築事務所は姿を消した。国家が、この職業の援助に乗り出した。一九七七年には、一つの法律が、「建築的な創造」であり、「構造的に良質な」公共施設の建設を宣言した。それまで公共建築の発注は、かつてのローマ賞の受賞者や、政府の建築顧問に直接割りあてられていたが、一九七九年からコンクール方式になると、状況が一変した。公共建造物の品質についての各省の代表による調査団（MIQPC）が、コンクールの方法や報酬額などを決定している。

建築をマスコミ媒体に載せることについては政府の支持があり、一九七五年に「建築国家大賞」が創

《集合住宅団地》　オート・フォルム街　パリ
1975〜1979　Ch・ド・ポルザンパルク設計　G・ブナモ協力

設され、一九七七年には所管の省内に、建築都市計画審議会（CAUA）とフランス建築研究所（IFA）が設置された。「建築に関する研究」に対する公的資金の援助は、間接的な助成のかたちで行なわれている。

建築家を養成する対策も進んだ。建築教育は、一九六五年から一九六八年にかけてのエコール・デ・ボザールの危機の影響を受け、すでに混乱していた。その結果、ボザールとは無関係である建築教育の学校が創設されることになった。ローマ賞の廃止は、教育内容の改革を伴い、人文科学、社会学、歴史学に新しい重要性を付与することになった。

②　現実的な影響：この美学に関わる文化的危機に対する大規模な作戦の結果は、急速に現われた。すでに一九七四年末の《プティット・ロケット集合住宅》のコンクールでは、新しい都市建築の信奉者たちが姿を現わしはじめた（Ch・ド・ポルザンパルク、Y・リオン、R・カストロ）。一九七四年から一九七五年にかけての

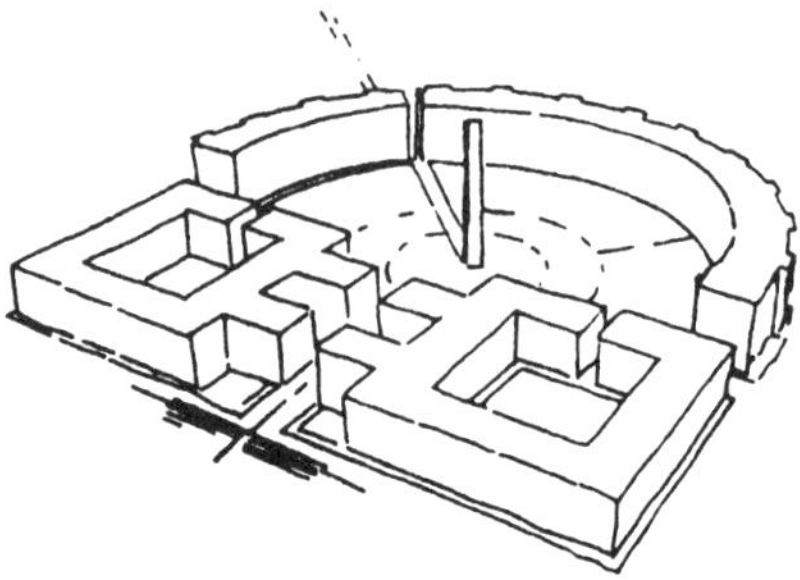

《集合住宅団地》　レ・コロンヌ・ド・サン・クリストフ
セルジー・ポントワーズ　1986　R・ボフィール設計

建設計画本部のＰＡＮ（新建築計画）コンクールにおいては、増殖型は遠ざけられ、勝者となったのは、同じチームであった。そして、パリ市の建築業者の組合であるＲＩＶＰのコンクールでは、Ch・ド・ポルザンパルクは集合住宅《レ・オート・フォルム》（ジョルジア・ブナモと協力、一九七五〜一九七九年）の緻密な構成をデザインした。

シャンゼリゼの眺望を変えないために、共和国大統領ジスカール・デスタンは、一九七四年から一九七八年の間に建設が進められていたラ・デファンスの高層建築の高さを規制した。建築家ボフィールの計画に見られるような形式主義的なデザインは、普通の社会住宅の空間を、新古典主義的なモニュメンタルを特色とする外装で覆い隠した（サン・カンタン・アン・イヴリヌ、一九七四〜一九八〇年、ノワジー・ル・グラン、一九七八〜一九八三年、モンペリエ、一九七九年）。この雄大であると同時に通俗的なデザインである「民衆主義的」な建築は、そののち、数多くの開発業者を刺激した。彼らは現代性を口実にして、「民衆のためのヴェルサイユ」の象徴として豪華な集合住宅を建てつづけた。

しかし、住居として、この「見世物的な建築」は、社会の要求に応えているであろうか。「大部分の人びとにとって、住宅を変えるということは、結局は、塔状建築か横長棒状建築のなかで、防音や冷暖房の質を改善するという程度のことになる。内部と外観の差の大きさは、住民たちの怒りとは言わないまでも、幻滅の原因になっている[1]」。

(1) J・M・レジエ『最新の有名な住宅』(パリ、エディション・クレフィス、一九九〇年、八頁)。

都市に対する新しい見方が生んだ諸影響のなかで、大建築物の改修が新しい発展を見せている。フランスでは、レネの倉庫(ボルドー、一九九〇年完成、J・ピストルとD・ヴァロド)、オルセー駅(一九七八〜一九八六年、バルドン、コルボック、フィリッポン)、兵器廠(一九八五年、ライヒェンとロベール)、ヴィレットの卸売市場(一九八五年、ライヒェンとロベール)、リヨンのムーシュの畜殺場、ノワジエルのムニエの敷地内の工場(一九九五年)などの再利用が注目される。「パリンプセスト[1]」というテーマが、ベルフォールの劇場の改修に示唆を与えた(一九七九〜一九八三年、ジャン・ヌーヴェル)。

(1) 元の文字を消し、その上に新たに文字を書いた羊皮紙の「二重写本」の発想で建築を改修したと思われる〔訳注〕。

住宅建築においては、パリでも、ニューヨーカーのロフトをモデルにした見事な成功例を幾つか見ることができる。そこでは、関係者すべての協力が不可欠であった(パリ、ビュイッソン・サン・ルイの旧洗濯工場、一四戸、B・コーン、一九七九〜一九八四年)。

3 住民参加と環境

ベルギーの建築家リュシアン・クロールは、住宅やビルの計画段階へと住民が「創造的参加」をすることの推進者である。これは、ブリュッセルの近くに医学生の学生寮を建てるため実行に移された、私心のない主張である。彼は、この方針を一九八〇年代の初期に、マルヌ・ラ・ヴァレーの社会住宅の工事に適用した。

一九七四年から、石油危機の建設活動への影響は、他の産業の場合と同様、エネルギーの節約を余儀なくさせた。そのために、「ソーラー・ハウス」の圧倒的な成功と並んで、別の形の永続的な建物の外被、住宅の断熱、採光などを対象とする研究が、行なわれた。そこから、建物の公共的な部分におけるガラス張りの重要性が考えられるようになった。

明るい大ホールであるガラス室は、ガラス製品に新しい地位を与えた。パリでは《ラ・ヴィレット》(一九八四〜一九八九年、A・ファンシルベールとP・ライス)、あるいは《A・シトロエン公園》、ラ・デファンスの《コリヌのホール》などのガラス室は、建築の新しい姿を生み出している。ヴァンクーヴァーでは、巨大なガラス屋根に覆われた広場が裁判所への入口になっている(一九七三〜一九七六年、A・エリクソン)。厳密にエコロジカルな計画が、太陽熱利用住宅を生み出した(アミアン近くのフリュイ、一九七八年、I・リクシー、リヨン近くのサン・ジュスト、一九八五年、F・H・ジュルダとG・ペローダン)。

環境への配慮が、いままで軽視されてきたような、たとえば商業センターの計画に、建築家を関与させせている（サン・エルブランで、アルシテクチュール・ステュディオ、一九九〇年。ニームで、J・ヌーヴェル、一九九一年）。建築家が、巨大な建物が周囲に迷惑をかけることとないよう気を配るような場合もある（ベルシー総合体育館、一九七九〜一九八三年、P・パラとM・アンドロー）。また、公園の建築はいま、盛んに改修されている。

II 新しい技術的アプローチ

経済成長期の建築の基準が問題にされているこの時代は、逆説的に、建築の手段や方法が極度に進化している時代でもある。

1 生産性の向上

生産性は、工業をモデルとして急速に向上した。ピエール・デュフォーは、一九七四年に、生産性は一九六〇年よりこのかた九倍になっていると見積もった。強力な工業を背景として、さまざまな領域で、伝統的な材料が進化した。成型されたコンクリートの部品、陶製の外装材、鋼製外壁板、ステンレスまたはラッカー仕上げの鋼鉄、積層合板あるいは集成材などの木製の構造物が、その例である。

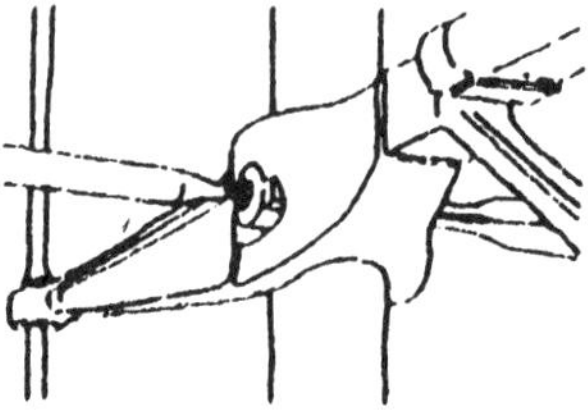

《ジョルジュ・ポンピドー・センター》　パリ
1971〜1977　R・ピアノ　R・ロジャース設計　鋼構造の継手

2　建てる技術の新しい諸問題

この問題は、引張力が作用している部材によって平衡状態に置かれた鉄骨構造である《ジョルジュ・ポンピドー・センター》の建設によって注目されるようになった。設計者たちは、この構造物の材料や部品を開発するために、企業経営者たちと協力した。この構造の鋳鋼の部材は、フランスに注文を受けることのできる企業がなかったため、ドイツのクルップ社で製造され、日本の技術に基づいて工事が監理された。製造業の新しい工法の開発を建築に結びつけるのは、エッフェル以来の伝統である。「ジョルジュ・ポンピドー・センターは、十年前ならば建てることができなかったであろう。鋳鋼の部品を試験する精巧な技術は完成していなかったのだから。それは、原子力発電所のために行なわれた研究の成果なのである」（ピーター・ライス）。

Ⓐ ヨーロッパの建設現場の一例——パリの広大な建設現場に、建築技術の厳格さに没頭する建築家と建設業者のエリートを結集した《ジョルジュ・ポンピドー・センター》の構造の開発は、一つの歴史的役割を担ったものであった。建築家のリチャード・ロジャースとレンゾ・ピアノ、そしてエンジニアのピーター・ライスらを集めたこの研究は、実験的構造のいわば国際的ヨーロッパ様式の活力を示すものであり、一九八〇年代における建築に、最大の影響を与えたものであった。それはフランスにおいて、ことに公的な発注によって、他のどこよりも好都合な敷地を得たのである。奇異なことに、この提案は、最初は歴史主義的で批判的な文化的背景のなかで、孤立させられていた。工業的な構造によって起こったさまざまな困難の直後に参加したことで、改革者の立場は微妙であった。レンゾ・ピアノにとって、解決策は「職人的で現代の工業と接触のできる立場での実践」であった。

レンゾ・ピアノ（一九三七年生まれ）は、ジェノヴァの建設請負業者の息子で、一九六四年にミラノの理工科大学で免状を取得し、フランコ・アルビーニや、フィラデルフィアではルイス・カーンの、そして最後にロンドンで、Z・S・マコウスキーの弟子になった。ジャン・プルーヴェと親しく、長い間、ピーター・ライスと共同で仕事をした。鋼構造のプレストレスの原理と、ポリエステルの部材を使って、大阪万国博覧会の《イタリア産業館》（一九六九～一九七〇年）を設計した。一九七一年に、彼はリチャード・ロジャースとともに、ポンピドー大統領が提唱したボーブール地区のアート・センターの設計コンクールの勝者になった（一九七六年に完成）。この、反モニュメンタルな建築は、鋼鉄の構造で、それが一七〇メートルと五〇メートルの矩形の五層の開放的な床を支えている。その前の広場は、さまざまな都市機能を果たしている。「われわれは、アカデミズムを脱却すること、そして最新の技術を使いながらも、建築の職人の伝統を復活させることを目指す」。IRCAM（現代音響音楽研究所）を地階に設置（一九七三〜一九七七年）するためになされた構造的な実験は、音楽の研究の、高度に複雑な目標と一致していた。

これらのまさしく技術的な研究開発は、この時期の文化的な期待、都市問題、および「建築に関する論争」と相容れるものであったであろうか。この問いは、わざとらしいものである。なぜならばこれらの技術的研究は、一方では社会の要求と緊密に結びついており、他方では企業や顧問技師の能力が関わっていたからである。《ジョルジュ・ポンピドー・センター》から二十年後に、《シャルレティー競技場》や《フランス競技場》などの競技場の計画で採用された解決法は、これらの構造の研究の価値を確かなものにした。きわめて活発な国際的な関係のなかで、イタリア人のR・ピアノ、英国人のR・ロジャース、N・フォスター、P・ライス、フランス人のP・アンドルー、F・デロージエらは、この計画の技術的な手法を生命のあるものに保ったのである。

Ⓑ 動的な展開

——わずか二十年の間に、技術者や企業経営者たちと緊密な関係を保ちながら、建築家と工学者の小さなグループが、建築の歴史のなかで一時代を画するような一連の成果を生み出した。この建築文化、技術文化、および、ものづくり文化の産物は、テクノロジーの世界における建築家のかつてなかった貢献である。クリスティアンヌ・デロージュは、これを技術の領域へのユートピアの逃避だと見ている。「構造が世界を変えれば良い。もはや建築がそれをできないならば」。

一九八〇年代における最も目覚ましい新機軸は、テンション構造の急速な普及と、その派生物である金属繊維構造、および強度接着外装用ガラス（VEC）の開発である。

① テンション構造では、圧縮力に対して働く鋼構造（柱、支柱、仮支柱、押し横棒）が、引張力に働く部材（ロープ、ケーブル、耐風筋交い、被覆用繊維）と組み合わされる。これらの部材の接合部と継手は、現代の帆船の索具と類似の部品（索具装着ネジ、シャックルその他）を必要とし、材料も帆船のもの（ステンレス・スティール、ケブラー[1]）を取り入れている。ガラスの大間仕切りの構造は、「ケーブル梁」の構造と組み合わされる。この新しい「建てる技術」の好例を《グランド・アルシュ》（一九八八～一九八九年、F・デロージュ）のエレベーターに見ることができる。この構造の幾つかの習作は、英国の事務所オウヴ・オラップ・アンド・パートナーと、エンジニアのピーター・ライスに依頼された。ライスは、パリに居住していたために、最も依頼の多かった専門家である。《ヴィレットのガラス室》、ラ・デファンスの《グランド・アルシュの雲形テント》、《コリヌ・ノールの広間》、そして一九八九年にチュイルリー公園内に建てられた束の間の《タワー》。鋼構造は、フランスでは徐々に「安全性の煉獄」を脱した。この構造は、一九七三年以来、コレージュ・パイユロンで火災を防いでいるし、新しいソルフェリーノの二層の歩道橋も、この構造である（M・ミムラム、一九九二年）。

（1）米国デュポン社によって一九七四年に商業生産が開始された、パラ系全芳香族ポリアミド繊維。軽量、強靭でスチール・ワイヤーの五倍の強さ〔訳注〕。

② 繊維は、一九七〇年から、鋼鉄のトラスのアーチと組み合わされて、建造物の屋根に使われている（コンフラン・サントノリーヌのプール、J・バルスコ、一九七二年）。鉄骨と繊維の屋根は、パリの「第一ゼニット」（多目的ホール）に使われたが、新しい社会的要求の典型的な例である（P・シェとJ・P・モレル、一九八三年）。しかし、新しい繊維材料であるテフロン塗装のグラスファイバーの布は光沢があり、セルフ・クリーニング式の材料であるが、一九八〇年代なかばまで使われることはなかった。英国のケンブリッジの《シェランバーガー研究所》（一九八五年、M・ホプキンズ）は、テフロン塗装のグラスファイバーの布で覆われた最初の大建造物である。しかし、先鞭をつけたのは、バーナード・プラットナーとオーヴ・オラップによるシュランバーガー社の中央広場（モンルージュ、一九八五年、R・ピアノ）の覆いの開発である。モンルージュにおける非対称の屋根は、とても独創的で、九〇〇平方メートルの一枚の布が七つの張間を覆っている。南側の高い部分は、推力で持ち上げられた支索で支えられている。北側の低い部分は、壁に押しつけられたトラス・ロッドで支えられている。

③ 外装用接着ガラス（VEC）は、一九八〇年代なかばに現われたものであるが、それ以来、オフィスビルや、威信を誇示する公共建築など、新しい現代性が求められる計画でよく使われている。その成功は、ガラス工業（サン・ゴバン）や工業用接着剤の技術によってもたらされたものであり、また、保険会社の技術管理機関の理解によるものでもある。ドミニック・ペローは、自らの建築にVECを一貫

して使用している。彼はそれを普通の鉄筋コンクリートの構造と組み合わせている（《ベルリエ工業会社》、一九八六〜一九八九年）。TGB（新国立図書館）のための計画では、ガラスによる表現に重点が置かれているが、それは透明性の効果に対するある種の無邪気さを感じさせる。

この時期に、他の洗練された工業材料が建物に使われはじめている。広く張った屋根のためにジェルランド高分子研究所が実験した合成材料、あるいは、レンゾ・ピアノがパリの住宅団地（モー街、一九八九〜一九九二年）でプレハブの部材として使った新材料（CCV、セメントとガラスの複合材料）などである。宇宙産業や生物工学で使われているような意味での高度の技術は、いままでのところ建築では使われていないのだから、最新の材料の使用と、建築に関連して恣意的に使われている「ハイテク」の概念とを混同することは認めないにしても、進歩した工業製品の建築への応用の研究は、この時期に激烈に行なわれている。

仮に建設会社の技術者が、技術革新（材料と工法）する能力を持っていたとしても、技術研究の成果の建築の領域における実用化を進めることができるのは建築家のみである。最も明敏な協力者が、これまでになく必要な仕事の、新しい割り当てを受けることができる。ピーター・ライスは、《シドニーのオペラ・ハウス》の設計と実現に、エンジニアとして長きにわたって参加した経験の持ち主であるが、フライ・オットーがテンション構造とテントによる形態表現をした時のような、独特な文化的アプローチをするよう、建築家に向かって強調している。しかし、エンジニアもまた、自分が実行する技術的な選択の美的な結果について、無関心であってはならない。建築家たちも、この技術的アプローチについても なお、自分たちの役目を持っている。

工業生産の再編成は、しばしば新しい現場で、新しい工場の建設の機会をもたらす。それは多くの場合、企業の威信に建築を関わらせる意図から、最新の技術を導入することになる。最も目覚ましい工場を、以下に挙げる。英国では、ニューポートの《インモス社の社屋》（一九八二年、R・ロジャース）、スウィンドンの《ルノー・センター》（一九八三年、N・フォスター）、フランスでは、カンペールの《フリートガード工場》（一九八〇年、R・ロジャース）、《コンフランのトムソン工場》（一九八五〜一九八六年、ヴァロドとピストル、オーヴ・アラップとP・ライス）、《サンカンタンのトムソン工場》（一九八八〜一九九一年、R・ピアノ）。一九六〇年代の構成主義の基本方針に従い、建設業者の努力は、その大建築物に輝かしく結実し、形態のタイプを一新し、「装備の整ったシェルター」という合理主義的な要請に応えている。

Ⅲ　設備と公共建築、新しい課題

工業的、都市的文化の急速な発展は、それに特有の建築の需要を刺激した。商業活動、輸送システム、文化的媒介手段などの次元において、新しい設備が建築の類型を一新した。公的な発注が改めて象徴的な建築への道を開いた。

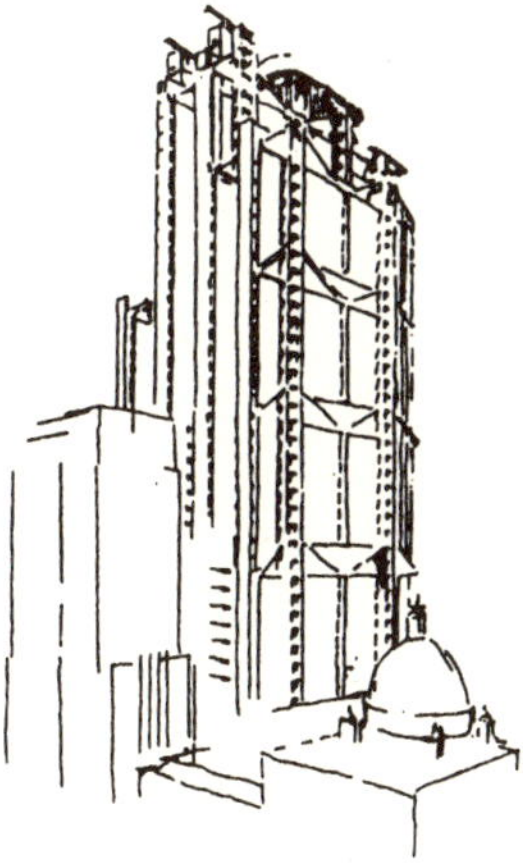

企業本社　《香港上海銀行》（香港）
1979〜1986　N・フォスター設計

1　商業建築

高層オフィスビルを熱帯性気候に適応させることが、ジェッダの《ナショナル・コマーシャル・バンク》（一九八二年、SOM）の目的であった。きわめて複雑な建築のなかに収められた金融活動の重要な場である、公共空間を組み入れたことが、ロンドンの《ロイド銀行》（一九七八〜一九八六年、R・ロジャース）や、《香港上海銀行》の有名なタワー（一九七九〜一九八六年、N・フォスター）に見られる複合体の功績である。

2　輸送の施設

Ⓐ 新しい空港——乗客収容力がとても大きい航空機の出現によって空港の規模が見直されるようになり、世界中の空港で建築家が動員されている。ジェッダの《ハジ空港》（一九八二年、SOM）は、繊

維による建築の新しい可能性を利用して建てられた。シュトゥットガルトでも、ニースでも、鉄とガラスの単純な立体が、たとえば《ロワシー空港》（一九七三年より、P・アンドルーとADP）のような複雑な施設に取って代わっている。レンゾ・ピアノと共同で、ポール・アンドルーは《関西新空港》（日本、一九八七〜一九九四年）を設計した。

エコール・ポリテクニックの卒業生であり、土木局の技師であるポール・アンドルー（一九三八年生まれ）は、《パリ空港》（ADP）の建築の業務を指揮した。彼は、その資格で一九七三年以降、ロワシー・シャルル・ドゴール空港の建物全体の（ロワシーI、ロワシーIIの調査研究を、彼は一九六七年から始めていた）、そしていまの拡張計画の責任者になった。彼はまた、国内では《ニースの新エア・ターミナル》（一九八〇〜一九八七年）、《英仏海峡横断トンネル》のフランス側ターミナル（試作、一九八六年）の設計者であり、そして、J・M・デュティユールと共同で、TGVの《ロワシー空港駅》を設計した。外国では《ダッカ》（バングラディシュ、一九七六〜一九七九年）、《ジャカルタ》（インドネシア、一九七七〜一九八五年）《カイロ》（エジプト、エアターミナル2、一九七七〜一九八六年）の各空港、および《コクナリ空港》の新エアターミナル（ギニア、一九八二〜一九八九年）を設計した。レンゾ・ピアノと共同で、彼は《関西新空港》（日本、一九八七〜一九九四年）を設計して採用された。ラ・デファンスの《グランド・アルシュ》（一九八四〜一九八六年設計）の建設のために、彼はオットー・フォン・シュプレッケルセンと協力し、それを首尾良く完成させるべく（一九八六〜一九八九年）、シュプレッケルセン亡き後を続行した。とくに、《ニュアージュ》（雲）の困難な表現を、ピーター・ライスと協力して遂行した。

TGV　《リヨン・サトラ駅》（イゼール）
1993〜1994　S・カラトラヴァ設計

Ⓑ　陸上の輸送

①　新しい高速列車向けの諸設備が設置されることによって、既存の駅が変ることになった。TGVアトランティック線では、ナント、ル・マン、パリ・モンパルナス（一九九〇年、J・M・デュティユール）の各駅で、繊維材料による建築が姿を現わした。TGVトランス＝マンシュ線では、《ロンドン＝ウォータール一駅》（一九五三年、N・グリムショウ）が、鉄とガラスの建築になっている。新駅の建設にあたって、フランス国有鉄道の建築部門は、企業や地方自治体を参加させて、見事な構造の建築を創り出している。《リヨン・サトラ駅》（一九九四年、S・カラトラヴァ）、《リール・ヨーロッパ駅》（一九九四年、J・M・デュティユール）などが、そうである。

② 高速道路の諸設備としては、料金所の建築が、より良い視覚伝達のための記号的な要求に応えた厳格な技術を導入した明確なデザインになっている。《ポルト・デュ・ソレイユ》(A七号線、ランソン、一九八五年、バール、リストルッチ、アラデック)、《サン・ジュリアン・アン・ジュヌヴォアの税関》(A四〇号線、一九八八〜一九九一年、G・ボニヴァル)。

3 文化施設

美術館や図書館の建設は、文化的事業が経済のなかで示す重要性を表わす。そしてさらに、行政当局の計画のなかでも象徴的な事業なのである。

ワシントンDCで(ナショナル・ギャラリー、一九七一〜一九七八年、I・M・ペイ)、ボストンで、ロンドンで(テイト・ギャラリー、一九八〇〜一九八七年、J・スターリング)、パリで(グラン・ルーヴル、一九八三〜一九九四年、I・M・ペイとM・マカリー)……、各地の改築と補修工事は、既存の美術館の規模を拡大し、空間をより良く整備し、いっそうの快適さを追求して行なわれている。それは「装備の整った倉庫」といった感じの、機械を駆使し、配置が自由で、伸縮も自在な方式(ノリッジのセインズベリー・センター、一九八七年、N・フォスターや、サンテ＝ティエンヌの近代美術館、D・ギシャール、一九八五〜一九八七年)と、モニュメンタルな発想のもの(シュトゥットガルトの国立近代美術館、一九七七〜一九八四年、J・スターリング。リスボンのベレム文化センター、一九八七〜一九九一年、V・グレゴッティ)とに、はっきり分別できる。建築の主眼点が、その用地と建物との周到な有機的結合の問題によって左右されることがある。それには、都市的な結合（ニームのメディアテック、一九八五〜一九九三年、N・フォスター。アラブ世界研究所、IMA、一九八三〜一九八七年、J・ヌーヴェルとアルシテクチュール・ステュディオ）と、景観的結合（ヴァシヴィエールのアート・センター、一九九一年、A・ロッシ。ペロンヌの大戦博物館、一九八七〜一九九〇年、H・シリアーニ）とがある。

4　公的発注

公的発注は確実に再生を果たしている。

Ⓐ 外国においては、政権の交代は、依然として建築を促す強い刺激の要因である。ポルトガルでは、「ナデシコ革命」[1]（一九七四年）の後に、国家が、公的発注によって、新しい世代とそのリーダーたちの持つ建築の変革の潜在能力を発揮するよう奨励した。

（1）エルネスト・メロ・アントゥネスらによる軍事クーデター。熱狂した群衆が兵士に捧げたナデシコで象徴される〔訳注〕。

ポルト大学の新しい建築科（一九八五〜一九九一年、アルヴァロ・シザ）と、アヴェイロ大学のキャンパス内の図書館（A・シザ）、学寮（A・ディアス）、地球科学科の建物（E・スート・デ・ムーラ）は、その例である。リスボンでは、大学構内に国立公文書館（A・カルドソ）がある。

聖堂、特別な神殿などが国家主導で建立される場合には、歴史的モデルに参考が求められた。その例として、モロッコのカサブランカの《モスク・ハッサンII》（一九八八～一九九一年、M・パンソー）があり、コート・ジボワールには《ヤマスクロ聖堂》(1)がある。

（1）ヴァチカンのサン・ピエールをコンクリートで再現。一九八五～一九八八年に建立。世界最大の穹窿（一六〇メートル）〔訳注〕。

B フランスでは、一九八一年以来の公的発注の再生には複雑な下地があった。それは、コンクールという手続きと、公的発注の結びつきの結果である。コンクールにはことに、「建築の質」の基準を守りながらの、計画の事前調査の公的義務がある。この公的発注には、国からのものもあれば、一九八三年の地方分権化の法律の結果によるもの（市町村、県、地域圏）もある。

① 国の発注の大部分は、大きな使用価値と、環境のなかにおける積極的な多様化を両立させなければならない。《大蔵省》（一九八二～一九八九年、ユイドブロとシュムトフ）、《音楽都市》（一九八四～一九九〇年、C・ド・ポルザンパルク）、《ロベール・ドブレ病院》（一九八一～一九九八年、P・リブレ）、《国立図書館》（一九八八～一九九六年、D・ペロー）。ラ・デファンスでは、《グランド・アルシュ》（O・スプレッケルセンとP・アンドルー）が、簡潔でモニュメンタルな公共空間を創り出している。

② 地方自治体は、数多くの行政施設や文化施設を建設した。《地域圏庁舎》（トゥールーズ、一九八二～一九九一年、J・P・エストランプ）。《県庁》（ストラスブール、一九八六～一九九〇年、C・ヴァスコーニ）。《美

術館》（ヴィルヌーヴ・ダスク、一九七九〜一九八三年、R・シムーネ）。《メディアテック》（ヴィル・ユルバンヌ、一九八五〜一九八八年、M・ボッタ）。《考古学博物館》（アルル、一九八五〜一九九三年、H・シラーニ）。

③ 両方の場合とも、コンクールの方式が、関与する人の入れ替えを促し、外国の建築家にも大きなチャンスを与えることになった。そのことは、二次効果として「スターシステム」をもたらし、それは多くの場合、この職業のスターたちに対するメディア（そして決定者）の注目を引いたのである。

5 職業上の仕組みの変化

この過ぎ去った一世紀の間じゅう、建築家の社会的地位とその仕事との関係は、変化しつづけた。世紀初頭の建築家の身分は、自由業の建築家、つまり芸術家に近いものであった。専門技術の知識と評価の能力を身につけて、小規模あるいは中規模の事務所の長となって、建築家は、施主の利益を代表する責任を担った。そのなかから一握りのエリートが、フランスの体制のなかで、社会的地位を獲得し、大きな公共建築の注文を獲得した。やがて、大部分の工業国において、建築家は建設会社の大きな作業チームに組み入れられた。創造者としての建築家の能力と、エンジニアの能力とを関連づけるために、そして両者の協力をより効率的にするために、彼らの教育は、米国の工科大学やスイスの理工科学校のような組織に統合された。フランスでは、パリ空港の建築事務所「ＡＤＰ」が、そのような異なった能力の協力の可能性を示している。その他に、専門職能団体や建築士資格という形式や、建築家に設計を依頼することの義務化というかたちでの国から与えられた特権は、たぶん時代遅れな現状を維持することに加担していると思われる。また、工業的な部材によって建てられる建築パートナーの地位の問題を解決することが残っている。彼らは、建築業者と建築家、「メーカーと企画者」の間の共有部分に属している。

終わりに

　こんにちの状況は、その矛盾の大きさで、われわれに衝撃を与える。一方には、パートナー（建築家や建設業者）側の一新された才能や処理能力、激変を続ける技術、「いかなる偉業をも成し遂げる建設産業」（H・シラーニ）、公共建築の最新作が刺激を与えた建築に対する嗜好、などがある。他方には、社会の亀裂と貧困に直面して、「現代建築」（あるいは、われわれの言語では軽蔑語である英語の言いまわしを使えば「モダンな建築」）にその責任があるとする議論、要するに、社会的な保守主義の強い潮流と文化的な臆病風がある。

　また、一方には建築の高度の厳格さ、環境問題に関する前例のない意識、パートナー間により良く共有された処理能力があり、他方には、現代のマニエリズム、新しい「行為」を謳歌する建築の自律性の表現の歯止めのない自己満足がある。そして、その一つ一つが、「建築の消費の不安定要因であり、それらは、あちこちでの公共建築の発注によって緩和されるが、同時に景気後退のため、よりいっそう拡大されている。この不安定性は、世界全体から見て、けっして満足できない状態である建築の設備や安全性の確保の必要性と、大きな対照をなしている。

訳者あとがき

本書は Gérard Monnier, *L'Architecture du XXe Siècle* (coll.«Que sais-je?» n°3112, P.U.F., Paris, 1997) の翻訳である。二十世紀が終わったこの節目の時期に本書を翻訳する機会を与えられたことを光栄に思うとともに、原著者の意図を正確に伝達できているのかと一抹の不安を抱きながら最大の努力をしたつもりである。

著者ジェラール・モニエは、パリ第一大学（パンテオン＝ソルボンヌ）の教授であり、同大学の建築史デザイン史研究所（CERHAD）の所長や、現代史研究所（IHTP-CNRS）の研究者でもある。彼と彼が指導した学生たちの研究は、建築史の目的と方法を一新することに貢献したと言われている。二十世紀の建築を専門とする彼は数多くの著書を発表したが、最近の大著は『フランスの現代建築』（*L'Architecture Moderne en France*, *Picard*, 1997, 1999, 2000）全三巻（約九〇〇頁）であり、彼自身と彼の監修下に加わった三人の共著者が執筆した。

本書の冒頭の第一章では、工業の影響を受けた建築技術と、それが建築のタイプに及ぼした結果との全体的な変化が検討されている。コンクリートのシェル構造、鋼鉄のトラスの出現などがその例である。

この章では、二十世紀の新技術が旧来の技術（石工、木工など）と共存していることを示している。ついで、ここでは建築の構想や、その根拠となるものを広く知らせるための新しい手段の重要性について述べている。それはすなわち、新しい画像を提示する方式（軸測投象、写真、コンピュータなど）である。また、国際的な建築文化のなかにおける書籍や情報媒体の重要性についても述べている。

続く各章では、世界の建築史の大きな段階に足跡を残した建築の作品とその思想を、年代順に調査リストを並べる古典的な方法で記述している。

著者はまず二十世紀の先駆をなす時代、あるいはプロト・モデルニテとして一八九〇年から一九一四年までをひと区切りとしている。この時代には新しい社会的要求（都市近郊の住宅、公共住宅、大都市の公共施設）や政治的要求（国粋主義の主張）などが、西洋文明における建築の折衷主義によってもたらされたひとつの危機の兆しと時期を等しくして現われている。

次の時代、一九一八年から一九四〇年においては、文化的、産業的な変化（それは奢侈に走る快適な設備と対立するものであり、機械化が手仕事を制圧する時代である）が、近代性の大きな実験と対応する。人物、思想、情報の盛んな国際交流が、社会的政治的な動向、あるいは当時の思想的対立と密接に関連した状況のなかで起こるのである。この時代には有力な建築家が、建築の伝統的な体制から離れて自分たちの主義主張を人びとに吹き込んだ。

一九四五年から一九七五年にかけての戦争の危機と破壊と再建の後には、都市の発展と建設の大きな現象が続くが、それは工業化の新しい局面と大規模な建築のタイプの新機軸を生み出すには好都合なものであった。人工地盤と結びついた高層ビルがその例である。新世代のエンジニアたちによってもたらされた技術的な成果は、公共施設に新しいモニュメンタリティーを付与する手段を建築家たちに提供した。この観点から、シドニーのオペラハウスやパリのポンピドー・センターは、新しい建築芸術の創造の歴史における大きな里程標となるものであると言える。

一九七五年以後には、経済的文化的危機とともに二十世紀最後の時代が始まる。その舵取りはアメリカのリーダーたちによって行われたが、その結果はポストモダニズムであった。この現象は一時的なものであると著者は考えている。何となれば、新しい需要の動向と、政治的経済的な力を増大した公的機関が、都市の未来に対する新しい提案の道を開いたからである。そこには新しい問題が生じている。すなわちそれは、環境をより良く保全すること、消耗品的な建築を抑制すること、諸建築を修復、再生利用し、新しい用途に再適応させることなどである。

著者の主張は、建築活動は特定の社会的な生産行為(個別の需要に応え、欲求を満足させること)であると同時に、文化的な創造行為であり、それは形態や様式の創造がその時代の広範な表現への要求を満たすスタイルと独自性をもたらすものであることを示すことであると思われる。

二十世紀建築に関してはすでに多数の書籍が出版されている。その多くは豪華な写真入りのものである。建築という造形作品を語るには写真や図面を加えるのが最も便利な方法であるが、それは同時に、著者にとっても読者にとっても、安易な道に走る危険性も伴っている。すなわち抽象的な概念を素通りして、視覚的な理解だけで事が足りたように思いがちだからである。本書は、文庫クセジュのなかでは図版が多いほうではあるけれども、圧倒的に文章での伝達に依存している。この不便さが、かえって、歴史を概念的に把握することを助けていると言えるかもしれない。

二十一世紀に入って、建築を論ずる人びとの大勢は、モダニズムの見直しに傾いている。人間性の回復や、環境の重視が、一斉に叫ばれている。しかし、私の世代にしてみれば、近代性を自分たちの生活環境に取り入れる努力を始めたのが昨日のことのように思われる。このような動向を誤りなく理解するためには、本書のように、全体の流れをコンパクトに説明しているものの存在は有意義であると思う。

翻訳にあたっては多くの方々のご助力をいただいた。まずフランス語をお教えいただいた宮原信先生はご多忙の中で拙訳に眼を通す労をとって下さり、貴重なご助言を与えて下さった。また、大学の同僚のほとんどすべての方々が私の愚問に答えてくださった。なかでも、金子雄太郎教授には建築構造について、大宮司勝弘助手にはコンピュータの操作について親身のご協力をいただいた。また白水社編集部の和久田頼男さんの慧眼によって私が誤訳に陥ることから救われた個所も少なくない。皆様のお蔭で翻訳が実現できたことを心から感謝申し上げます。

二〇〇二年五月

森島　勇

人名索引

ア

アールト，アルヴァー Aalto, Alvar　29, 33, 36, 92, 100, 111, 116, 144

アイク，ファン Eijck, A.Van　145

アウト，J.J.P Oud. J.J.P　78, 79, 113

アスプルンド，グンナール Asplund, Erik Gunner　108, 144

アドラー，ダンクマール Adler, Dankmar　55

アブラモヴィッツ，マックス Abramovitz, Max　123

アルガン，ジュリオ・カルロ Argan, Giulio Carlo　35

アルベール，エドゥアール Albert, Edouard　17, 135, 146

アンドリュー，ポール Andrews, Paul　25, 26

イ

イームズ，チャールズ Eames, Charles　104, 125

ウ

ヴァグナー，オットー Wagner, Otto　31, 61, 62, 78

ヴァグナー，マルティン Wagner, Martin　77, 104

ヴァン・ド・ヴェルド，アンリ Van de Velde, Henry　32

ヴィオレ・ル・デュック Viollet-le-Duc　31, 51, 58, 60, 66, 68

ヴェスニン，アレクサンドル Vesnin, Alexandre　74, 95

ヴェスニン，ヴィクトール Vesnin, Victor　74, 95

ウェッブ，フィリップ Webb, Philip　51

ヴェンチューリ，ロバート Venturi, Robert　156

ウッツォン，ヨルン Utzon, Jorn　133

エ

エーシュトレン，ファン Eesteren, C, Van　79

エスキラン，ニコラ Esquillan, Nicolas　20, 21, 133

エヌビック，フランソワ Hennebique, Francois　44-46

オ

オザンファン，アメデ Ozenfant, Amedee　33, 87, 88

オットー，フライ Otto, Frei　134, 171

オルタ，ヴィクトール Horta, Victor　62, 63

オルブリッヒ，ヨーゼフ・マリア Olbrich, Josef Maria　61

カ

カーン，ルイス Kahn, Louis 134, 167
ガウディ，アントニオ Gaudi, Antonio 65, 167
ガルニエ，トニー Garnier, Tony 31, 37, 57, 87
カンディリス，ジョルジュ Candilis, Georges 128, 131
カンデラ，フェリックス Candela, Felix 127

キ

ギーディオン，ジークフリート Giedion, Sigfried 34, 35, 122
ギマール，エクトール Guimard, Hector 65
ギルバート，キャス Gilbert, Cass 44
ギンズブルク，モイセイ Ginzburg, Moisei 81, 129

ク

グリムショウ，ニコラス Grimshaw, Nicholas 175
グレイ，アイリーン Gray, Eileen 92-94, 105
グレイヴス，マイケル Graves, Michael 153
グロピウス，ヴァルター Gropius, Walter 27, 36, 56, 57, 70, 77, 78, 92, 102-104, 152

ケ

ゲーリー，フランク Gehry, Frank 158

コ

コスタ，ルシオ Costa, Lucio 98, 118
ゴロゾフ，イリヤ Golosov, Ilya 75
コワニエ，エドモン Coignet, Edmond 44

サ

サーリネン，エーロ Saarinen, Eero 15, 123, 125, 133, 148
サーリネン，エリエル Saarinen, Eliel 104,
サリヴァン，ルイス Sullivan, Louis 32, 55, 56, 68
サンテリア，アントニオ Sant'Elia, Antonio 28, 57

シ

シザ，アルヴァロ Siza, Alvaro 152, 177
シャロー，ピエール Chareau, Pierre 84, 89, 93
シャロウン，ハンス Scharoun, Hans 77, 78
ジャンヌレ，ピエール Jeanneret, Pierre 56, 86-88, 93
シュプレッケルセン，オットー・フォン Spreckelsen, Otto von 174

シュペーア，アルベルト Speer, Albert 99
ジュールダン，フランツ Jourdain, Frantz
ジェンクス，チャールズ Jencks, Charles 35, 156
ショー，ノーマン Shaw, Norman 51
ショワジー，オーギュスト Choisy, Auguste 28, 31
ジョンソン，フィリップ Johnson, Philip 36, 121, 123, 134, 158
シリアーニ，アンリ Ciriani, Henri 177

ス
スターリング，ジェームス Stirling, James 142, 158, 176

ソ
ソヴァージュ，アンリ Sauvage, Henri 16, 43, 54, 65

タ
ダイケル，ヨハネス Duiker, Johannes 100
タウト，ブルーノ Taut, Bruno 77, 78
タヴォラ，フェルナンド Tavora, Fernando 152
タトリン，ウラジミール Tatlin, Vladimir 74
丹下 健三 105, 117, 133, 153

テ
デ・カルロ，ジャンカルロ De Carlo, Giancarlo 147
デ・クレルク，ミシェル De Klerk, Michel 79
テッラーニ，ジュゼッペ Terragni, Giuseppe 99
デュテール，フェルディナン Dutert, Ferdinand 43
デュドック，ウイレム・マリヌス Dudok, Willem Marinus 85, 101, 113

ト
ドゥーシュブルフ，テオ・ヴァン Doesburg, Teo Van 82, 84
ド・ポルザンパルク，クリスチアン De Portzamparc, Christian 36, 161, 162, 178
トロハ，エドゥアルド Torroja, Eduardo 20, 133

ニ
ニーマイヤー，オスカー Niemeyer, Oscar 98, 101, 118, 119, 123, 142, 149

ネ
ネルヴィ，ピエール ルイジ Nervi, Pier Luigi 20, 21, 133
ネルソン，ポール Nelson, Paul 100, 105, 115

ノ

ノイトラ，ヨゼフ・リチャード Neutra, Joseph Richard　90, 104, 125

ハ

バケマ，ジャコブ Bakema, Jacob　113, 131
バドヴィシ，ジャン Badovici, Jean　33, 93, 94, 105
バンハム，レイナー Banham, Reyner　35, 40

ヒ

ピアノ，レンゾ Piano, Renzo　15, 18, 24, 26, 27, 146, 166-168, 170-172, 174
ヒッチコック，ヘンリー ラッセル Hitchcock, Henry-Russell　35, 36

フ

プーイヨン，フェルナン Pouillon, Fernand　13-15, 126
フィジーニ，ルイジ Figini, Luigi　87, 96
フォスター，ノーマン Foster, Norman　26, 168, 172, 173, 177
フラー，バックミンスター Fuller, Buckminster　24, 111, 136
ブリンクマン，ヨハネス Brinkman, Johannes　79, 95, 113
プルーヴェ，ヴィクトール Prouvé, victor　65
プルーヴェ，ジャン Prouvé, Jean　17, 18, 37, 122, 125, 135, 146, 167
フルフト，ファン　デル Vlugt, Van der　79, 95
フレシネ，ウージェーヌ Freyssinet, Eugene　20, 21, 133
ブロイヤー，マルセル Breuer, Marcel　92, 104, 123, 125, 126

ヘ

ベーレンス，ペーター Behrens, Peter　56, 78, 87, 90
ペイ，イオ　ミン Pei, Ieoh Ming　148, 157, 176
ヘイジュク，ジョン Hejduk, John　153
ベイフート，ベルナール Bijvoet, Bernard　89, 100, 105
ペヴスナー，ニコラウス Pevsner, Nikolaus　34, 35, 64, 122
ペリアン，シャルロット Perriand, Charlotte　89, 92, 93
ベルク，マックス Berg, Max　48
ペルシコ，エドゥアルド Persico, Eduardo　34, 41
ペルツィッヒ，ハンス Poelzig, Hans　71, 78
ベルラーヘ，ヘンドリック Berlage, Hendrik　69
ペレ，オーギュスト Perret, Auguste　12, 46, 87, 96, 97, 102, 115
ペレ，ギュスターヴ Perret, Gustave　46, 87, 97, 102
ペロー，ドミニック Perrault, Dominique　25, 170, 178

ホ

ポープ，ジョン　ラッセル Pope, John Russell　108

ボッタ，マリオ Botta, Mario　179
ボフィール，リカルド Bofill, Ricard　147, 152, 162
ホフマン，ヨーゼフ Hoffmann, Josef　28, 61, 62
ポリーニ，ジノ Pollini, Gino　96
ボワロー，ルイ　オーギュスト Boileau, Louis-Auguste　16

マ

マイ，エルンスト May, Ernst　13, 77, 107
マイヤー，アドルフ Meyer, Adolf　57
マイヤー，ハンネス Meyer, Hannes　71, 73, 102
マイヤール，ロベール Maillart, Robert　19, 20, 48
前川 国男　105
マッキントッシュ，チャールズ　レニー Mackintosch, Charles Rennie　64
マッテ・トゥルッコ，ジャコモ Matte-Trucco, Giacomo　96
マレ・ステヴァンス，ロベール Mallet-Stevens, Robert　28, 76, 83-85, 93, 102

ミ

ミース・ファン・デル・ローエ Mies van der Rohe　29, 36, 56, 71, 72, 77, 78, 89, 90, 92, 103, 104, 121, 123, 124, 145, 156

ム

ムテジウス，ヘルマン Muthesius, Hermann　32

メ

メイヤー，リチャード Meier, Richard　157
メーリニコフ，コンスタンチン Melnikov, Konstantin　75
メンデルゾーン，エーリッヒ Mendelsohn, Erich　71

モ

モンドリアン，ピート Mondrian, Piet　82

ヤ

ヤコブセン，アルネ Jacobsen, Arne　101, 122, 25, 144

ラ

ライス，ピーター Rice, Peter　25, 26, 164, 166-169, 171, 172, 174
ライト，フランク　ロイド Wright, Frank Lloyd　32, 45, 53, 67-69, 79, 91, 96, 101, 104, 124
ラチェンズ，エドウィン Lutyens, Edwin　109
ラファイユ，ベルナール Lafaille, Bernard　23, 24
ラブルスト，アンリ Labrouste, Henri　96

リ

リートフェルト，ヘリット・トーマス Rietvelt, Gerrit Thomas　82, 83, 85
リオン，イーヴ Lyon, Yves　161
リシツキー，エル Lissitzky, El　73, 74
リュルサ，アンドレ Lurçat, André　33, 100, 115

ル

ル・コルビュジエ Le Corbusier　13, 27, 29, 30, 87, 129, 130
ル・リコレ Le Ricolais　22, 111
ルドルフ，ポール Rudolph, Paul　148
ルノーディ，ジャン Renaudie, Jean　138, 139, 150

レ

レオニドフ，イヴァン Leonidov, Ivan　75

ロ

ロース，アドルフ Loos, Adolf　32, 47, 67, 105
ロジャース，リチャード Rogers, Richard　24, 26, 166-168, 172, 173
ロッシ，アルド Rossi, Aldo　151, 177
ロッシュ，ケヴィン Roche, Kevin　148
ロッズ，マルセル Lods, Marcel　100, 101, 137

ワ

ワックスマン，コンラッド Wachsmann, Konrad　22, 111, 136

参考文献

William J.R. Curtis, *Modern Architecture since 1900*, Phaidon, 1982.

Denise Basdevant, *L'Architecture française des Origines à nos jours*, Hachette, 1971.

Dennis Sharp, *Twentieth Century Architecture*, Lund Humphries, 1999.

Wolfgang Pehnt, *Encyclopedia of Modern Architecture,* Hurry.Abrams, 1964.

Gérard Monnier, Claude Loupiac, Christine Megin, Joseph Abram, *L'Architecture moderne en France*, Tome.1.2.3, Picard, 1997.

Charles Jencks, *Architecture Today*, Academy Editions, 1988.

François Loyer, *Histoire de L'Architecture Française. De la Révolution à nos jours*, Mengès, 1999.

Marvin Trachtenberg, Isabelle Hyman, *Architecture from Prehistory to Post-Modernism,* Academy Editions, 1986.

Richard Weston, *Modernism,* Phaidon, 1996.

Peter Haiko, *Vienna 1850-1930 Architecture,* Rizzoli, 1992.

Serge Fauchereau, *Moscow 1900-1930,* Mallard Press, 1988.

Philippe Roberts-Jones, *Bruxelles, fin de siècle,* Flammarion, 1994.

Ignasi de Sola-Morales, *Fin de siècle architecture in Barcelona*, Editorial Gustavo Gilli, 1992.

Pontus Hulten, *Futurisme & Futurismes*, Le Chemin vert, 1986.

Carel Blotkamp 他数名, *De Stijl The Formative Years,* MIT Press, 1986.

Patricia Bayer, *Art Déco Architecture*, Thames and Hudson, 1992.

Pierre Cabanne, *Encyclopedie Art Déco,* Somogy, 1986.

Peter Hahn 他数名, *Experiment Bauhaus*, Bauhaus- Archiv.

Jeannine Fiedler, Peter Feierabend, *Bauhaus,* Konemann, 1999.

Cecil D.Elliot, *Technics and Architecture,* The MIT Press, 1992.

Richard Guy Wilson, Dianne H.Pilgrim, Dickran Tashjian, *The MachineAge,* The Brooklyn Museum, Harry N.Abrams, 1986.

Antoine Picon (direction), *L'Art de l'ingenieur,...constructeur, entrepreneur Inventeur*, Centre Pompidou, 1997.

訳者略歴
一九三五年　岐阜市生
一九六八年　東京藝術大学大学院修士課程修了
一九八七年　東京家政学院大学助教授
一九九一年　フランス国立高等装飾美術学校客員研究員
現在　東京家政学院大学住居学科教授
東京藝術大学非常勤講師（デザイン史担当）
建築学会会員
日仏美術学会会員

二十世紀の建築

二〇〇二年五月二五日印刷
二〇〇二年六月五日発行

訳者© 森《もり》島《しま》勇《いさむ》
発行者 川村雅之
発行所 株式会社白水社
東京都千代田区神田小川町三の二四
電話 営業部 〇三（三二九一）七八一一
編集部 〇三（三二九一）七八二一
振替 〇〇一九〇・五・三三二二八
郵便番号 一〇一・〇〇五二
http://www.hakusuisha.co.jp
乱丁・落丁本は、送料小社負担にてお取り替えいたします。

平河工業社

ISBN 4-560-05852-0

Printed in Japan

Q 芸術・趣味